TROUPE DE MOLIERE

Tiré en taille-douce par Aug. Delàtre, à Paris
& imprimé à cent exemplaires

N° *17*.

GALERIE HISTORIQUE

DES

PORTRAITS DES COMEDIENS

DE LA

TROUPE DE MOLIERE

Gravés à l'eau-forte, fur des documents authentiques

PAR FREDERIC HILLEMACHER

Avec des détails biographiques fuccinéts, relatifs à chacun d'eux

DEDIE A LA COMEDIE FRANÇOISE

LYON

IMPRIMERIE DE LOUIS PERRIN

Rue d'Amboife, 6.

M DCCC LVIII

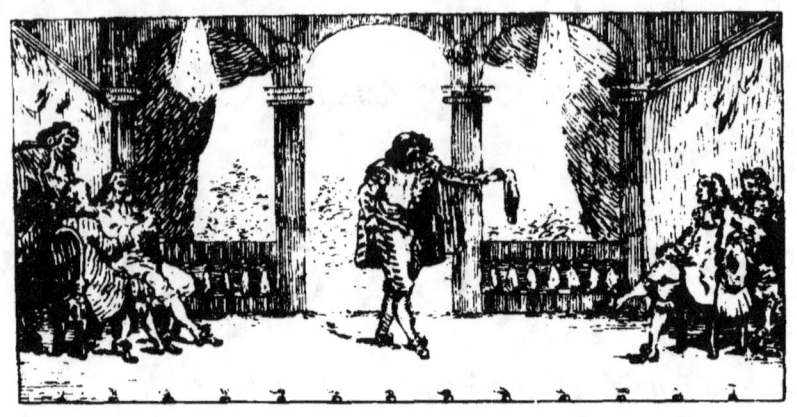

AVANT-PROPOS

La grande figure littéraire de Molière a abſorbé l'admiration de ſes contemporains & de la poſtérité, à ce point que les individualités qui l'entouroient ſe ſont, comme les ſatellites auprès du ſoleil, confondues pour ainſi dire dans l'éclat de ſon rayonnement. Le pinceau & le burin ont à l'envi reproduit les traits de l'auteur du Miſanthrope : tout le monde les ſçait par cœur, tandis que c'eſt à peine ſi les portraits de quelques-uns de ceux qui l'ont ſecondé ſur la ſcène nous ſont connus. Ils exiſtent cependant ; ils ſont parvenus juſqu'à nous ; mais il faut les découvrir dans ces collections, fruit de patientes recherches & trop souvent dispersées par les vicissitudes du temps. C'est une bonne fortune qui m'a été donnée de les rencontrer réunis, & je dois à l'obligeance infinie de M. le Commandant Soleirol & à ses indications pleines de sagacité, d'avoir pu puiser dans son immense panorama dramatique le recueil que j'offre ici des acteurs de la troupe de Molière.

L'éloignement des temps n'a pas rendu cette tâche très-facile. En effet, de nos jours, les études sont tellement répandues, qu'il n'est si mince personnage qui n'ait son premier peintre tout trouvé dans la personne d'un élève à peine sorti des bancs de l'école; d'un autre côté, la photographie, cet auxiliaire puissant dérobé à la nature au profit de l'art, transmettra désormais à nos neveux, l'allure complète & saisie au vif des personnages de notre époque, documents précieux pour l'histoire & la chronique. Mais, au milieu du dix-septième siècle, il n'en étoit pas ainsi; les artistes étoient rares; le talent se consacroit à la noblesse & à l'opulence. Aussi, parmi les originaux qui ont été mis à ma disposition, quelques-uns offrent-ils de grandes défectuosités sous le rapport du dessin, & il étoit difficile de les modifier sans altérer la ressemblance. C'est, en partie, la réponse à la critique qu'on pourra faire de mon travail; mon insuffisance demandera grâce pour le reste.

J'ai joint aux dessins des Notices biographiques puisées aux sources qui les avoient fournies à mes devanciers; j'ai toutefois redressé quelques erreurs & concilié des versions contradictoires. On trouvera, en outre, à la suite des Vies particulières, un précis des rôles remplis par tous jusqu'au dernier des figurants : détail peu intéreſſant, ſans doute, en lui-même, mais qui montre le tact avec lequel Molière, chef & père de cette nombreuſe famille, ſçavoit diſtribuer à chacun ſon emploi dans la meſure exacte de ſes moyens.

Les comédiens qui repréſentent les pièces de Molière obſervent religieuſement les moindres indications échappées à ſa plume, traces fugitives d'une tradition qu'ils cherchent à retenir. Que ſeroit-ce ſi, doués d'une ſeconde vue, ils pouvoient ſe reporter dans le paſſé & aſſiſter aux enſeignements du maitre, à une de ces leçons dont il nous a donné l'idée dans un de ſes plus charmants impromptus? Que devoient être Arnolphe, Tartuffe, Alceſte & tant d'autres caractères inimitables, joués par lui, ou ſous ſes yeux par une réunion d'acteurs tels qu'il ne devoit plus s'en rencontrer de pareils, *au dire du poëte Segrais!*

Reconnoiſſons toutefois que la prédiction de Segrais ne s'eſt pas vérifiée de tout point. Nous ſçavons que le génie & le talent n'ont pas quitté la ſcène françoiſe avec la troupe de Molière. Les jeux du théâtre ſont reſtés un délaſſement utile & une noble profeſſion, & le comédien qui ſe reſpecte, qui reſpecte ſon art, peut dire ce que diſoit le célèbre Baron à la fin de ſa carrière : « Je n'ai jamais eu le moindre ſcrupule d'avoir déclamé devant le public les chefs-d'œuvre de génie & de morale des grands auteurs de la nation; & je ne vois pas pourquoi je ne chercherois point ma gloire à réciter ce qu'il a été ſi glorieux pour d'autres de pouvoir léguer à la poſtérité. »

F. H.

LES ORIGINES DU THEATRE FRANCOIS

1641 à 1645	L'Illuſtre Théâtre	Succeſſivement établi : Aux Foſſés de la porte de Neſle ; Au Port St-Paul ; Au Jeu de paume de la Croix-Blanche, faubourg St-Germain.
1645 à 1650	. . . .	Repréſentations à Bordeaux & dans les provinces pendant les quatre ou cinq premières années.
1650 à 1653	. . . .	Repréſentations à Paris, notamment à l'Hôtel de Conti.
1653	. . . .	Repréſentations à Lyon, Vienne(?) Avignon, Pézénas, Narbonne.
1654	. . . .	Béziers.
1654 à 1656	. . . .	Repréſentations dans diverſes provinces.
1657	. . . .	Avignon.
1658	. . . .	Grenoble, Rouen, Paris.
1658 à 1660	Théâtre du Petit-Bourbon *autrement dit* Théâtre de Monſieur	Démoli pour la conſtruction de la façade du Louvre.
1660 à 1665	Théâtre du Palais-Royal	Troupe de Monſieur, frère unique du Roy.
1665 à 1673	Théâtre du Palais-Royal	Troupe royale.
1673 à 1680	Théâtre de la rue Mazarine	Au Jeu de paume de la Bouteille, en face de la rue Guénégaud. Réunion de la troupe de Molière à la troupe du Marais.
1680 à 1689	Théâtre de la rue Mazarine	Réunion, à cette Compagnie, de celle de l'Hôtel de Bourgogne.
1689 à 1770	Comédie françoiſe	Au Jeu de paume de l'Etoile, rue des Foſſés-St-Germain-des-Prés.

COMEDIES DE MOLIERE

1653 ? Le Médecin volant.
1653 ? La Jaloufie du Barbouillé.
1653 ? Le Docteur amoureux.
1653   L'Etourdi ou les Contre-temps.
1654   Le Dépit amoureux.
1659   Les Précieufes ridicules.
1660   Sganarelle ou le Cocu imaginaire.
1661   Dom Garcie de Navarre ou le Prince jaloux.
1661   L'Ecole des Maris.
1661   Les Fâcheux.
1662   L'Ecole des Femmes.
1663   La Critique de l'Ecole des Femmes.
1663   L'Impromptu de Verfailles.
1664   Le Mariage forcé.
1664   La Princeffe d'Elide.
1664   Les Plaifirs de l'Ifle enchantée.
1665   Dom Juan ou le Feftin de Pierre.
1665   L'Amour médecin.
1666   Le Mifanthrope.
1666   Le Médecin malgré lui.
1666   Mélicerte.

1666 Paſtorale comique.
1667 Le Sicilien ou l'Amour peintre.
1667 Tartuffe ou l'Impoſteur.
1668 Amphitryon.
1668 L'Avare.
1668 George Dandin ou le Mari confondu.
1669 M. de Pourceaugnac.
1670 Les Amants magnifiques.
1670 Le Bourgeois gentilhomme.
1671 Pſyché.
1671 Les Fourberies de Scapin.
1671 La Comteſſe d'Eſcarbagnas.
1672 Les Femmes ſçavantes.
1673 Le Malade imaginaire.

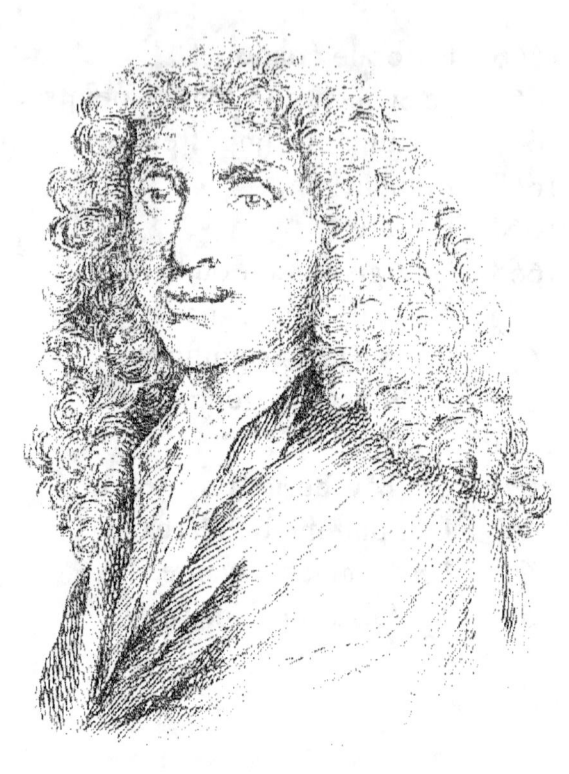

JEAN BAPTISTE POQUELIN
SIEUR DE MOLIÈRE

JEAN-BAPTISTE POQUELIN,

SIEUR DE MOLIERE

1641 — 1673.

Copie du portrait gravé par J.-B. Nolin d'après Mignard.

NOUS n'avons pas l'intention de donner ici une hiftoire détaillée de la vie & des travaux littéraires de Molière ; elle fortiroit du cadre des Notices que nous joignons comme appendice aux portraits qui compofent cette galerie. Des écrivains auxquels nous ne pouvons mieux faire que de renvoyer nos lecteurs, ont d'ailleurs configné dans des ouvrages fpéciaux (1) le réfultat de leurs patientes inveftigations :

(1) Confulter notamment l'*Hiftoire de la vie & des ouvrages de Molière*, par J. Tafchereau, 2ᵉ éd., Paris 1828. C'eft le travail le plus complet & le plus fubftantiel qui ait été publié.

nous nous bornerons donc à quelques notes hiſtoriques ſur Molière, conſidéré comme comédien & chef de la troupe à laquelle il a attaché ſon nom.

Né à Paris, le 15 janvier 1622, de parents exerçant la profeſſion de tapiſſiers, & deſtiné par ſon père à lui ſuccéder dans ſon état ainſi que dans l'emploi de valet de chambre du Roy, le jeune Poquelin ſe ſentoit invinciblement entraîné vers le théâtre par un penchant que favoriſoit ſon grand-père, en le conduiſant quelquefois aux repréſentations de l'Hôtel de Bourgogne. Il fréquentoit en outre quelques compagnies bourgeoiſes qui jouoient la comédie, & les excellentes études qu'il avoit faites lui permettoient de donner de bons avis à l'une de ces troupes, qui avoit pris nom l'*Illuſtre Théâtre;* enfin, ſuivant l'expreſſion de Tallemant des Réaux, *il s'en mit ſous le nom de Molière* (1) & parcourut à pluſieurs repriſes avec elle les provinces du midi de la France. Lyon vit poindre l'aurore de ſon génie dramatique : il y donna l'*Etourdi,* ſa première comédie régulière.

Toutefois, Paris étoit le but de ſon ambition ; il parvint à y établir ſa troupe en 1658, au moyen de la protection du prince de Conti & de Monſieur, frère unique

---

(1) On a diſcuté la queſtion de ſavoir ſi la particule *de* étoit accolée au nom de Molière. Je ſuis pour l'affirmative : je crois qu'on diſoit Poquelin *de* Molière, comme on diſoit Marcoureau *de* Brécourt, Pitel *de* Beauval, Le Noir *de* la Thorillière, &c. L'argument tiré de ce que notre auteur ſignoit *Molière* tout court, n'eſt pas concluant ; à cette époque, & même juſqu'à la fin du ſiècle ſuivant, c'étoit l'uſage, bien qu'on eût la particule en tête de ſon nom, à titre nobiliaire ou autre. Villars, Fontenelle, Crébillon, Voltaire ne ſignoient pas autrement.

du Roy. Nous ne fuivrons pas Molière dans le cours de fes glorieux travaux, dans les viciffitudes qui accompagnèrent fon mariage malheureux avec la plus jeune des filles de Béjart, en 1662, particularités trop connues pour être reproduites ici. Difons feulement que la profpérité de fes affaires, l'eftime dans laquelle il étoit tenu à la cour ainfi qu'à la ville, durent, en partie, le dédommager de fes chagrins domeftiques. On pouvoit efpérer voir de nouveaux chefs-d'œuvre fuccéder à ceux dont il avoit enrichi la fcène; il les avoit fait preffentir. Mais fes jours étoient comptés : une affection de poitrine qui le tenoit au régime depuis longtemps, fit de tels progrès que, le 17 février 1673, jour de la quatrième repréfentation du *Malade imaginaire*, il fut pris d'une convulfion pendant la cérémonie qui termine la pièce & put à peine achever le fpectacle. Tranfporté dans fon domicile rue de Richelieu, il y rendit le dernier foupir entouré des fiens & de deux religieufes qu'il retiroit chez lui en temps de carême.

Les opinions que manifeftent les contemporains fur le mérite de Molière comme acteur, font contradictoires felon qu'elles émanent de fes rivaux ou de fes amis. Les premiers, empruntant la voix de Montfleuri le fils, définiffent ainfi fa manière :

> Il eft vrai qu'il récite avecque beaucoup d'art;
> Témoin, dedans Pompée, alors qu'il fait Céfar.
> Madame, avez-vous vu, dans ces tapifferies,
> Ces héros de roman ? — Oui. Belles railleries !

— Il est fait tout de même : il vient le nez au vent ;
Les pieds en parenthèse, & l'épaule en avant ;
Sa perruque, qui fuit le côté qu'il avance,
Plus pleine de lauriers qu'un jambon de Mayence ;
Les mains sur les côtés, d'un air peu négligé ;
La tête sur le dos comme un mulet chargé ;
Les yeux fort égarés ; puis, débitant ses rôles,
D'un hoquet éternel sépare ses paroles ;
Et lorsque l'on lui dit : « Et commandez ici, »

  (*Il répond :*)

« Connoissez-vous César de lui parler ainsi ?
« Que m'offriroit de pis la fortune ennemie,
« A moi qui tiens le sceptre égal à l'infamie ? »

D'un autre côté, un journal disoit de lui, peu de temps après sa mort :

« Les anciens n'ont jamais eu d'acteur égal à celui dont nous pleurons aujourd'hui la perte ; & Roscius, ce fameux comédien de l'antiquité, lui auroit cédé le premier rang s'il eût vécu de son temps. Et c'étoit justice, car il étoit tout comédien depuis les pieds jusqu'à la tête. Il sembloit qu'il eût plusieurs voix ; tout parloit en lui, & d'un pas, d'un sourire, d'un clin d'œil & d'un remuement de tête, il faisoit plus concevoir de choses que le plus grand parleur n'auroit pu dire en une heure. »

Concluons de ceci qu'à côté des inégalités de son jeu dans le genre héroïque & conventionnel pour lequel il n'étoit pas né, Molière devoit être un admirable interprète de la comédie de caractère, dont il nous a laissé tant de modèles inimitables. Comment concevroit-on qu'une fi haute intelligence, jointe à une habitude profonde de la fcène, n'eût pas fu y traduire fes propres infpirations ?

Maintenant, fi nous voulons avoir une idée de l'afpect de fa perfonne, écoutons la fille de Du Croify, qui l'a connu, & qui nous en a laiffé, en quelques mots, un aperçu :

« Il n'étoit ni trop gras ni trop maigre. Il avoit la taille plus grande que petite, le port noble, la jambe belle ; il marchoit gravement, avoit l'air très-férieux, le nez gros, la bouche grande, les lèvres épaiffes, le teint brun, les fourcils noirs & forts, & les divers mouvements qu'il leur donnoit lui rendoient la phyfionomie extrêmement comique. Il aimoit fort à haranguer ; & quand il lifoit fes pièces aux comédiens, il vouloit qu'ils y amenaffent leurs enfants, pour tirer des conjectures de leurs mouvements naturels. »

Molière, dans fa jeuneffe, a repréfenté fous le mafque dans fes premières comédies. Quelques-uns de fes portraits, & notamment les eftampes qui accompagnent l'édition de 1682, & où il eft très-reconnoiffable, le montrent à vifage découvert avec une mouftache qui entoure la bouche en forme de parenthèfe (1). Cette mouftache étoit peinte ou poftiche, car on fait qu'à la ville il portoit, comme les hommes de fon temps, une légère mouche relevée au-deffus de la lèvre, ce qu'il abandonna même dans un âge plus avancé.

(1) On conferve au département des Eftampes de la Bibliothèque, une très-ancienne & curieufe gravure, le *Vray portrait de M. de Molière en habit de Sganarelle. — Simonin fecit.* Il eft en pied, le bonnet à la main, avec la mouftache qu'il fe faifoit habituellement dans le comique.

On a, depuis près de deux siècles, reproduit mille fois son portrait en consultant plusieurs types consacrés par le temps. Mais ces monuments doivent inspirer plus ou moins de créance à l'observateur scrupuleux. Un ancien portrait à l'huile, conservé dans les Galeries du Louvre, & dont l'auteur n'est pas connu, est d'un modelé tellement insignifiant qu'on ne peut croire qu'il ait été fait d'après le naturel. Le buste de Houdon, qui est au foyer de la Comédie, se distingue par une exécution fine & délicate, mais il offre plutôt une image poétique qu'une représentation réelle. La Bibliothèque impériale possède une collection nombreuse & importante de ses portraits, parmi lesquels ceux de Lépicié & de Ficquet, d'après Coypel, se recommandent par le mérite du burin, à défaut d'une entière confiance dans le peintre dont ils se sont inspirés.

Mais Molière avoit pour amis intimes deux artistes célèbres, Séb. Bourdon & P. Mignard, qui l'ont peint tour à tour. Il est à regretter que le tableau de Bourdon ne soit pas venu jusqu'à nous, car l'estampe ridicule de Beauvarlet n'en donne aucune idée. Mignard a été plus heureux dans les graveurs qui l'ont reproduit : ainsi Habert, B. Audran, Cathelin & A. Tardieu nous ont laissé la traduction de portraits intéressants, dans diverses attitudes. Toutefois, celui qui nous paroît reproduire le plus authentiquement les traits de notre grand poëte comique, a été exécuté en 1685 par J.-B. Nolin, d'après ce dernier peintre. Molière est représenté vu jusqu'aux genoux & assis ; il est en déshabillé & tient un livre à la main. Il eſt au déclin de ſa vie; ſon air ſouffrant & les rides de ſon front font preſſentir ſa fin prochaine : c'eſt bien là l'époux d'Armande Béjart, c'eſt là l'auteur du Miſanthrope.

Molière, comme Turenne, eſt mort ſur le champ de bataille, enſeveli dans ſon triomphe. Le cercueil de Turenne a repoſé longtemps parmi nos rois; Molière gît preſque ignoré dans un coin écarté d'un cimetière de Paris. La Comédie françoiſe, qui a élevé ſa ſtatue en face de la maiſon où il expira, ne verroit-elle pas avec bonheur ſes cendres trouver un dernier aſile ſur la place qu'on projette de faire devant ſon périſtyle, à quelques pas de la ſcène où retentiſſent tous les jours les applaudiſſements dus à ſon génie?

Personnages représentés par Molière dans ses comédies.

Le Barbouillé?	La Jal. du Barbouil.	Sganarelle?	Le Méd. malgré lui.
Sganarelle?	Le Médecin volant.	Lycarsis.	Mélicerte.
Le Docteur	Le Docteur amour.	Lycas.	La Past. comique.
Mascarille.	L'Etourdi.	Hali?	Le Sicilien.
Albert	Le Dépit amour.	Orgon	Le Tartuffe.
Mascarille.	Les Précieuses rid.	Sosie	Amphitryon.
Sganarelle	Sganarelle.	Harpagon.	L'Avare.
Dom Garcie	D. Garcie de Nav.	G. Dandin	George Dandin.
Sganarelle	L'Ecole des Maris.	Pourceaugnac.	M. de Pourceaugn.
Eraste	Les Fâcheux.	Clitidas.	Les Amants magn.
Arnolphe	L'Ec. des Femmes.	M. Jourdain.	Le Bourg. gentilh.
Molière.	L'Impr. de Versail.	Zéphire.	Psyché.
Sganarelle	Le Mariage forcé.	Scapin	Les Fourb. de Scap.
Moron	La Princ. d'Elide.	Un Pâtre	La C. d'Esc. (div.)
Lyciscas.	Les Pl. de l'Isl. ench.	Un Turc	La C. d'Esc. (div.)
Sganarelle	Dom Juan.	Chrysale	Les Femmes sçav.
Sganarelle?	L'Amour médecin.	Argan	Le Malade imagin.
Alceste	Le Misanthrope.		

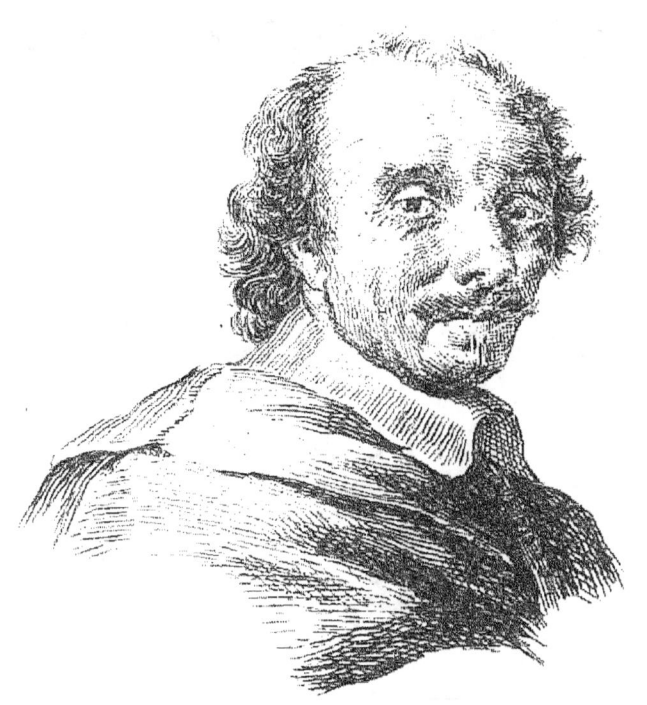

JULIEN GEOFFRIN
dit JODELET

JULIEN GEOFFRIN
dit JODELET
1659 — 1660

D'après le portrait gravé de son temps par Michel Lasne.

JODELET, né vers 1610, entra d'abord au théâtre du Marais, & passa en 1634 à l'Hôtel de Bourgogne. La naïveté de son jeu, la vérité de son geste lui acquirent une grande réputation dans le genre comique : Scarron, P. & Th. Corneille lui durent le succès de plusieurs de leurs ouvrages. Il avoit une figure fort plaisante ; les traits de son visage étoient si marqués & si comiques, qu'il n'avoit qu'à se montrer pour exciter le rire, dont il savoit augmenter les éclats par la surprise qu'il affectoit lui-même de l'hilarité des spectateurs. En outre, il parloit du nez, & ce défaut rendoit fon débit plus burlefque qu'on ne peut fe l'imaginer.

Tallemant des Réaux confacre une de fes *Hiftoriettes* à Jodelet, & il raconte des anecdotes qui montrent qu'il avoit la répartie vive & plaifante, bien qu'empreinte de ce cynifme de langage qu'autorifoient les mœurs à cette époque. Voici toutefois quelques traits qu'on peut citer fans inconvénient. « C'étoit une pillauderie épouvantable que celle des gens du chancelier Séguier (dit Tallemant); en voici une belle preuve. Un jour que les comédiens du Marais jouèrent au Palais-Royal, le chancelier, qui y étoit, trouva Jodelet, leur *fariné*, fort plaifant : il en fut fi charmé que, pour tout dire en un mot, il en devint libéral, & lui fit dire qu'il le vînt trouver le lendemain & qu'il lui feroit un préfent. Jodelet ne manqua d'y aller. D'abord, un des valets de chambre du chancelier lui vint dire : J'ai parlé pour vous à Monfieur, Monfieur a deffein de vous donner cent piftoles ; — & ajouta à cela : Vous n'oublierez pas vos bons amis. Le fariné lui promit qu'il y auroit le quart pour lui. Incontinent après, un autre valet de chambre lui fit la même harangue, & Jodelet lui fit la même promeffe ; enfin, il en vint jufqu'à quatre, car le chancelier a quatre rançonneurs de gens. Jodelet enfuite fut introduit, & le chancelier, tout riant, lui demanda : Que voulez-vous que je vous donne ? — Monfieur, lui répondit-il, donnez-moi cent coups de bâton, ce fera vingt-cinq pour chacun de vos valets de chambre. Sa Grandeur voulut tout favoir, & Jodelet, par ce moyen, s'exempta de rien donner à personne : ces coquins furent bien grondés.

« Il répondit un jour une plaisante chose à Aubert, des Gabelles, qui a fait bâtir un palais auprès des Petits-Comédiens, au Marais; car, comme celui-ci lui disoit : Je ferai mettre des statues dans cette galerie. — Pensez que vous n'oublierez pas, lui dit Jodelet, celle de la femme de Loth. — Ma foi, j'en tiens, répondit l'autre; il m'a donné mon paquet. Cette statue étoit de *sel*, & le *sel* a fait la fortune d'Aubert. On appelle cette maison l'Hôtel *Salé*. »

Il paraît qu'après un long séjour à l'Hôtel de Bourgogne, où son humeur inquiète, devenue avec le temps plus difficile, le faisoit haïr de ses camarades, Jodelet entra un instant dans la troupe de Molière, en 1659; c'est sur ce fondement que nous l'avons fait figurer dans cette galerie, sans pouvoir mentionner les rôles qu'il a pu y remplir. Il mourut à la fin du mois de mars 1660. Loret a fait son épitaphe en vers dans sa *Muse historique* (apostille à la lettre du 3 avril 1660).

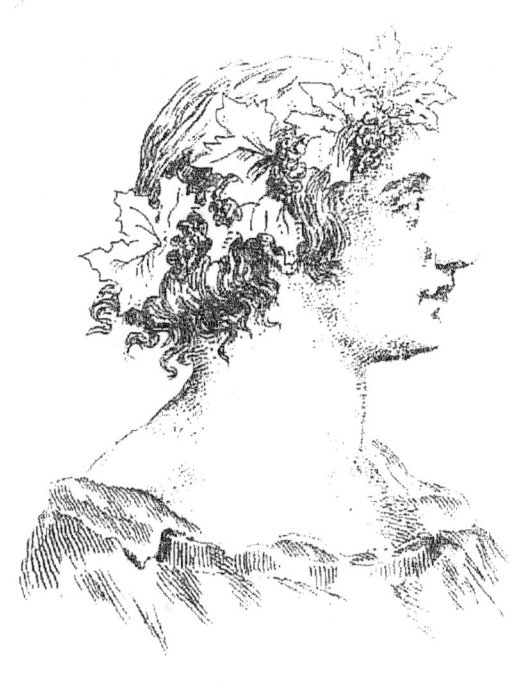

DuFresne.

DU FRESNE

1648 — 1659

D'après un profil à l'aquarelle.

Ce comédien, repréſenté en Bacchus dans le deſſin auquel nous avons emprunté ſa figure, avoit un talent médiocre. Il faiſoit partie de la troupe de Molière lorſque celui-ci commença à jouer en 1658 au Petit-Bourbon, & lui étoit attaché dès le 23 avril 1648, date de la fuſion d'une troupe dont il étoit directeur, avec celle que Molière avoit conduite à Nantes.

Du Freſne quitta la ſcène en 1659 & ſe retira à Argentan, ſon pays natal. L'époque de ſa mort n'eſt point connue.

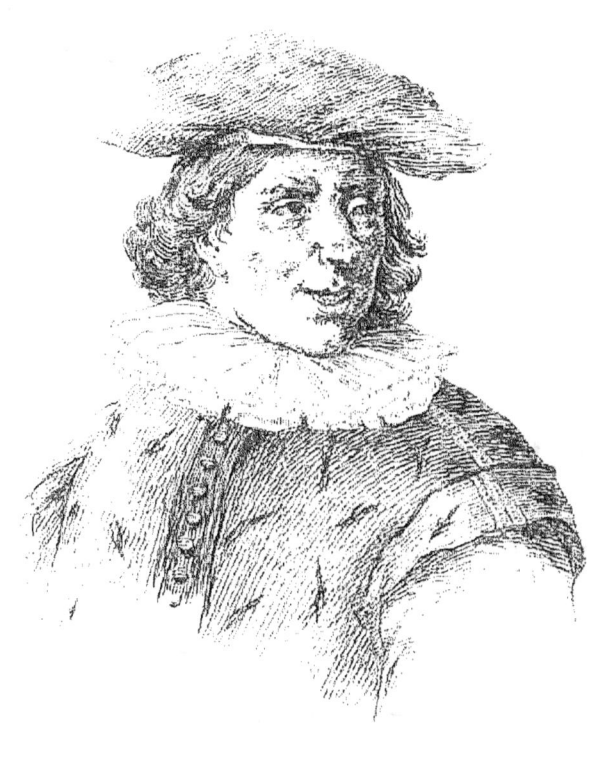

Pitel le cadet
Sieur de Longchamp

PITEL

SIEUR DE LONGCHAMP

1649 — 1662

D'après un portrait à l'aquarelle.

O N a peu de données sur cet acteur, qui étoit frère cadet de Beauval. Il paroît avoir joué en province les rôles de Crispins & s'être trouvé en contact avec Molière lorsque celui-ci parcouroit le midi de la France, après avoir tenté infructueusement, en 1645, de former un établissement à Paris.

Il débuta en 1649 à la salle de la rue Mazarine. On sait que ce théâtre réunit par la suite la troupe du théâtre du Marais & les restes de celle de Molière dispersée par la mort de son chef.

Longchamp se retira le 2 juin 1662, laissant des regrets aux appréciateurs de son jeu fin & spirituel ; il mourut le 20 juillet de la même année.

Il laissa deux filles : Françoise, qui épousa Raisin, & Anne, femme du comédien Durieu.

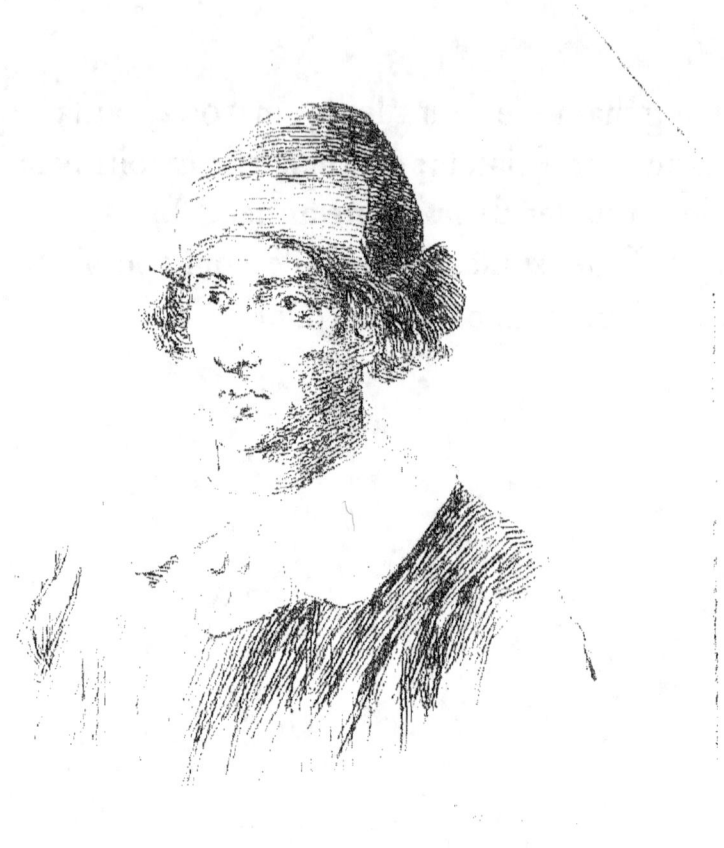

JACQUES BEJART l'aîné

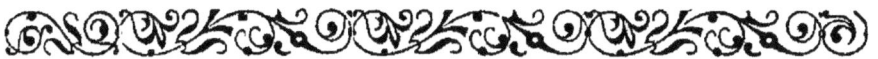

JACQUES BEJART l'aîné

1645 — 1659

D'après un petit portrait à l'aquarelle.

CET acteur, fils de Joseph Béjart (1) qualifié procureur dans un acte authentique qui est venu jusqu'à nous, & de damoiselle Hervé, sa femme, étoit l'aîné de son frère & de deux sœurs qui se joignirent à Molière, Du Parc & quelques autres, en 1645, pour jouer la comédie sous la rubrique d'*Illustre Théâtre*, dans le Jeu de paume de la Croix-Blanche, faubourg Saint-Germain, loué à cet effet. Une troisième

---

(1) Quelques biographes écrivent *Béjard* par un *d*, notamment Beffara, qui se fonde sur des actes de l'Etat-civil qu'il a consultés; mais on sait que ces actes étoient rédigés avec peu de soin, & je crois qu'il faut s'en rapporter à l'orthographe du nom tel qu'il est imprimé dans l'*Impromptu de Versailles*, édition de 1682.

sœur de Béjart, alors enfant, devint plus tard la femme de Molière. Après la clôture de ce spectacle, Béjart parcourut la province avec cette compagnie, & Lyon le vit en 1653, Béziers en 1656 ou 1657; Grenoble & Rouen le reçurent en 1658. Il vint cette même année à Paris & fit partie de la troupe du Petit-Bourbon.

Il n'est question de Jacques Béjart que dans le registre de La Grange, conservé à la Comédie françoise; on ignore par conséquent quelle étoit la nature de son talent; il étoit probablement du genre comique, puisqu'on sçait qu'il bégayoit en parlant.

Béjart tomba malade le samedi 11 mai 1659 & décéda le 21 du même mois. Cette mort du chef d'une famille qui occupoit une si large part dans l'association, fut un événement important, car on rapporte que les représentations furent interrompues depuis le 21 mai jusqu'au 1er juin suivant.

Les Béjart étoient d'honnêtes gens; ils avoient de la générosité, de la bonté, & n'abandonnoient point leurs amis dans le malheur. J. Béjart laissa vingt-quatre mille écus en or, somme considérable pour le temps. Il paroît qu'il manioit la plume, & qu'il est l'auteur (à en juger par une phrase de la dédicace au prince de Conti) d'un ouvrage intitulé: *Recueil des titres, qualités, blasons & armoiries des prélats & barons des Etats du Languedoc, tenus en* 1654; *par le sieur J. Béjart.* Vol. in-folio, imprimé à Lyon en 1655.

Personnages représentés par Béjart l'ainé dans les comédies de Molière.

Pandolfe . . . . . *L'Etourdi.* | Erafte . . . . . *Le Dépit amour.*

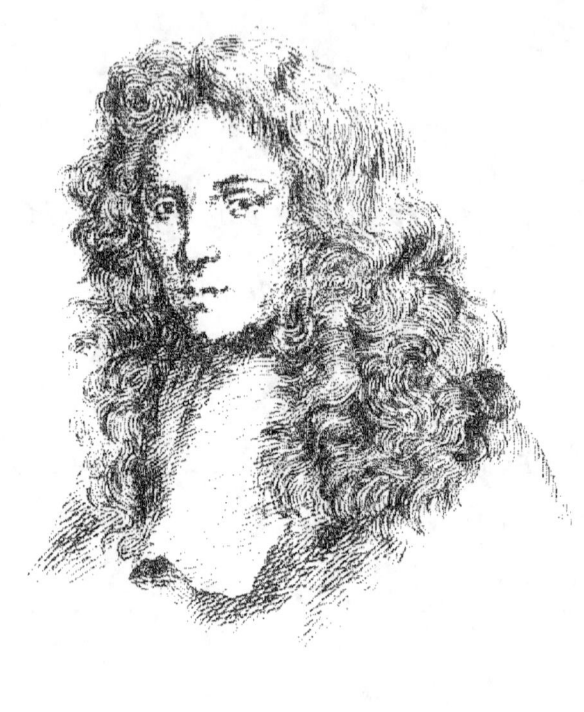

Louis Béjart le cadet
dit L'Éguisé

LOUIS BEJART le cadet

dit L'EGUISE

1645 — 1670

D'après une miniature du temps.

LOUIS BEJART, frère des trois actrices de ce nom, embraſſa fort jeune l'état de comédien. Il étoit de la première troupe que Molière emmena en province pour donner des repréſentations, & il revint avec lui à Paris en 1658. Son emploi dans le tragique étoit les troiſièmes & quatrièmes rôles, &, dans le comique, les pères & les ſeconds valets. Le public l'aimoit beaucoup, & une diſgrâce qui lui arriva donna la meſure de l'intérêt qu'il inſpiroit : ayant voulu ſéparer deux de ſes amis qui ſe rencontroient en duel dans la place du Palais-Royal, & croisant leurs épées avec la sienne pour les rabattre, il fut atteint au pied d'un coup de pointe; cette blessure mal guérie le rendit boîteux pour le reste de sa vie. Cela n'empêcha pas Béjart de jouer la comédie, & les spectateurs de l'applaudir. Molière, qui tiroit parti de tout, ne craignit même pas de faire allusion à cette infirmité de son acteur, en le chargeant du rôle de La Flèche dans *l'Avare*. On sçait qu'Harpagon dit, en parlant du valet de son fils : « Je ne me plais point à voir ce chien de boîteux-là. » Les acclamations réitérées du parterre, chaque fois que l'on jouoit *l'Avare* & qu'Harpagon prononçoit ces paroles, prouvèrent à Béjart qu'on ne le voyoit pas avec moins de plaisir depuis son accident. La chose alla même plus loin, car ceux qui étoient chargés de son emploi sur les théâtres de province, affectèrent de boîter comme lui, non-seulement dans le rôle de La Flèche où cela étoit nécessaire, mais encore dans tous ceux qu'il avoit créés à Paris.

Doué de l'esprit de saillie, Béjart nous en donne une preuve à propos d'un incident qui se rattache à l'histoire générale du théâtre de son temps. La Maison du Roy s'étoit arrogé le privilége d'entrer *gratis* au spectacle, & Molière obtint de Louis XIV que cet abus seroit supprimé. Ces militaires, presque tous gentilshommes, se crurent outragés & se portèrent en foule au théâtre, dont ils forcèrent les portes en passant au fil de l'épée les gagistes qui les défendoient. Ils cherchoient les comédiens pour leur faire partager le même sort, lorsque Béjart, habillé en vieillard pour la pièce que l'on alloit jouer, eut la préfence d'efprit de fe préfenter fur le théâtre, au milieu du tumulte, & de dire aux mutins : « Eh ! Meffieurs, épargnez du moins un pauvre vieillard de foixante & quinze ans, qui n'a plus que quelques jours à vivre ! » Ce difcours burlefque, dans la bouche d'un acteur jeune & aimé du public, excita un rire général, même parmi les féditieux, & calma leur fureur au point que la pièce fut jouée fans autre encombre & que, depuis lors, ils ne firent plus difficulté de payer comme les autres fpectateurs.

Béjart portoit le furnom de *l'Eguifé*, fans doute par allufion à la pointe de fon efprit, & fe qualifioit « officier de Monfieur, » ainfi qu'il réfulte d'un acte de baptême daté de 1664, où lui & fa fœur Gréfinde figurent comme parrain & marraine de l'enfant d'un fieur Prévot, bourgeois de Paris. Il fe retira en 1670 avec une penfion de mille livres, qui lui fut continuée jufqu'à fa mort, arrivée le 29 feptembre 1678 ; il eft le premier à qui cette penfion ait été accordée.

Personnages représentés par Béjart le cadet dans les comédies de Molière.

Anselme	L'Etourdi.	Dom Louis . . .	Dom Juan.
Valère	Le Dépit amour.	Desfonandrès . .	L'Amour médecin.
Béjart.	L'Impr. de Versail.	Dubois	Le Misanthrope.
Alcantor	Le Mariage forcé.	Mad. Pernelle . .	Le Tartuffe.
Théocle	La Princ. d'Elide.	La Flèche	L'Avare.
L'Hiver.	Les Pl. de l'Isl. ench.	Oronte	M. de Pourceaugn.

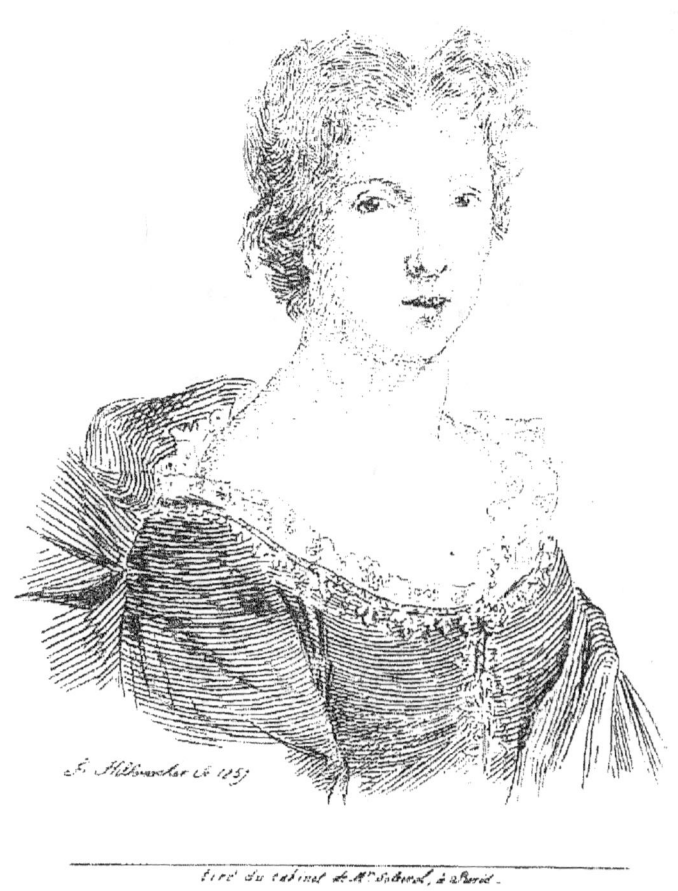

MARIE MAGDELEINE BÉJART

MARIE-MAGDELEINE BEJART

1645 — 1672

D'après un portrait peint à l'huile.

MAGDELEINE BEJART, vraisemblablement l'aînée des trois filles de Joseph Béjart, est née vers 1620. Dès l'année 1637, elle s'engagea avec ses deux frères dans une troupe de comédiens qui se mit à exploiter le Languedoc & la Provence ; c'est dans cette dernière province qu'elle fit connoissance d'un gentilhomme nommé De Modène, avec lequel elle contracta, dit-on, un mariage secret. Elle en eut une fille, née à Paris le 2 juillet 1638, & qui fut baptisée sous le nom de Françoise, le 11 du même mois.

Nous perdons de vue Magdeleine jusqu'en 1645, époque à laquelle elle concourut avec ses frères & Molière à former l'*Illustre Théâtre*. Cette entreprise n'eut pas de succès, & il fallut de nouveau voyager jusqu'en 1650; la troupe revint alors à Paris, joua à l'Hôtel de Conti & partit pour Lyon en 1653. Il est probable qu'à cette époque, & même plus tard, il y eut association entre notre actrice & Molière pour l'administration du spectacle, car le registre de La Grange constate des sommes payées en 1659, pour décorations & autres frais, *à Molière & à Mademoiselle Béjart*. Elle mettoit même la main aux comédies qui se jouoient, témoin le même registre qui mentionne, à la date du 30 janvier 1660, une note relative à la première représentation de Dom Quichotte, pièce *raccommodée* par Mademoiselle Béjart.

La troupe une fois fixée au Palais-Royal, Magdeleine y remplit les personnages de reines & de soubrettes, qu'elle joua comme chef d'emploi en y réunissant beaucoup d'autres rôles. Elle mourut à Paris le 17 février 1672, un an jour pour jour avant Molière, & fut inhumée le 19 sous les charniers de l'église St-Paul. Elle fut remplacée par Mademoiselle Beauval.

Personnages représentés par Mademoiselle Béjart dans les comédies de Molière.

Marinette.	*Le Dépit amour.*	1re Egyptienne	*Le Mar. forcé* (b.).
Marotte.	*Les Précieuses rid.*	Philis.	*La Princ. d'Elide.*
La fuiv. de Célie	*Sganarelle.*	Corinne	*Mélicerte.*
Elife	*Dom Garc. de Nav.*	Dorine	*Le Tartuffe.*
Lifette	*L'Ec. des Maris.*	Frofine	*L'Avare.*
Georgette	*L'Ec. des Femmes.*	Nérine	*M. de Pourceaugn.*
Mlle Béjart	*L'Impr. de Verfail.*	Cléonice	*Les Amants magn.*

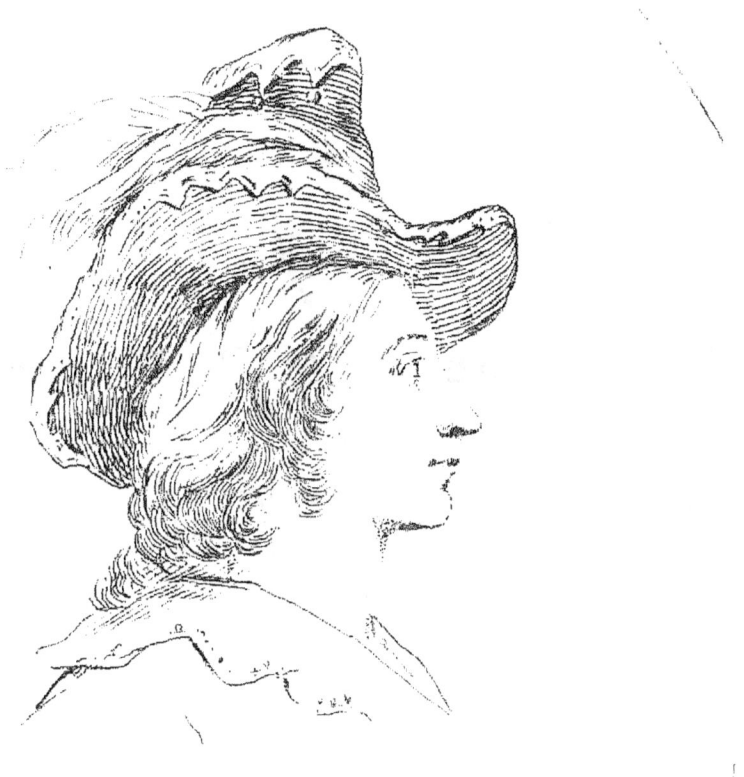

GENEVIEVE BÉJART
MADEMOISELLE HERVÉ-AUBRY

GENEVIÈVE BEJART
MADEMOISELLE HERVE-AUBRY

1658? — 1673

D'après un deſſin ancien, au trait.

CETTE actrice eſt ſœur des Béjart. Elle prit le nom d'Hervé, qui étoit celui de ſa mère, probablement pour ſe diſtinguer de Magdeleine & d'Armande, & cette circonſtance a dérouté quelques biographes qui ont paſſé ſous ſilence Mademoiſelle Hervé, ou bien l'ont confondue avec une débutante du même nom, qui parut un inſtant & que nous ne croyons pas être l'actrice qui figure dans l'*Impromptu de Verſailles*.

Geneviève Béjart, autrement dite Mademoiſelle Hervé, arriva à Paris en 1658 avec la troupe de Molière, &

y demeura pendant toute la vie de ce grand homme. Après lui, elle paſſa au théâtre de Guénégaud, où elle reſta juſqu'à ſa mort, arrivée le 3 juillet 1675 à la ſuite d'une maladie dont elle languiſſoit depuis trois années.

Douée d'un talent très-ordinaire, elle ne s'éleva pas au-deſſus des troiſièmes rôles; & ſi elle eut part entière, au moins avant la réunion des troupes du Palais-Royal & du Marais, il faut l'attribuer au crédit de Molière, ſon beau-frère, qui la vouloit favoriſer.

Elle fut mariée deux fois : ſon premier mari étoit le ſieur De la Ville-Aubrun; le ſecond, le ſieur Aubry-des-Carrières, l'un des entrepreneurs du pavé de Paris, qui fut auteur de deux tragédies qu'il fit repréſenter. Il mourut lui-même en 1692.

Personnages représentés par Mademoiselle Hervé dans les comédies de Molière.

Mlle Hervé . . .	L'Impr. de Versail.	Bélise.	Les Femmes sçav.
Aristione	Les Amants magn.		

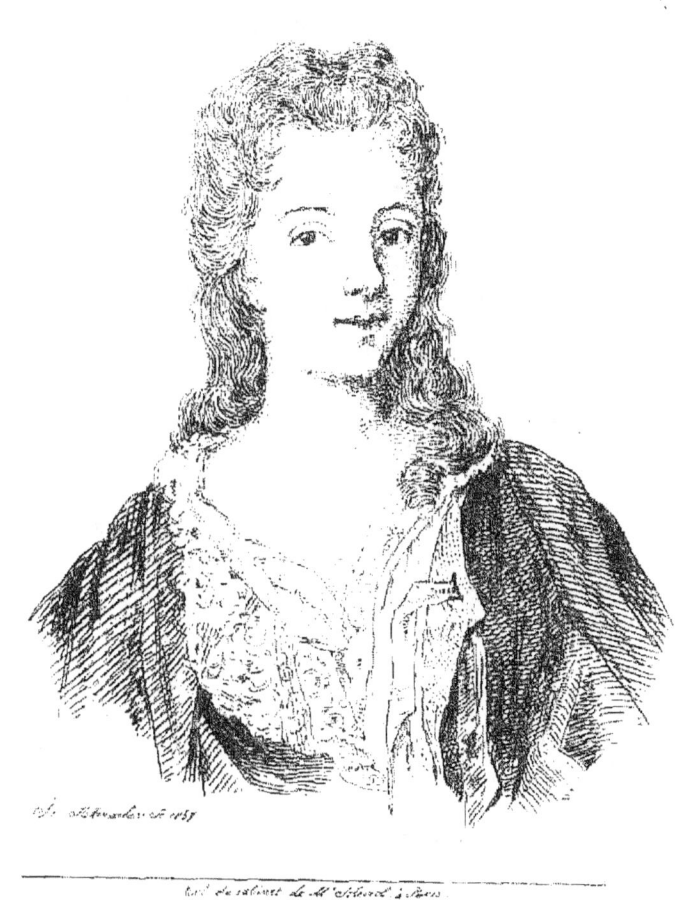

RMANDE GRESINDE CLAIRE ELISABETH BEJART
MADEMOISELLE MOLIERE

ARMANDE-GRESINDE-CLAIRE-ELISABETH BEJART

MADEMOISELLE MOLIERE

1662 — 1673

D'après un portrait du temps, peint à l'huile, fous l'habit de Dircé.

ARMANDE, la plus jeune des filles de Joſeph Béjart & de dame Hervé, eſt venue au monde vers 1642. Elevée par Molière, qui l'avoit vue naître & n'avoit ceſſé de lui porter un tendre intérêt, elle l'épouſa en 1662, le 20 février. Il ne paroît pas que Mademoiſelle Molière ait joué la comédie avant ſon mariage, ſi ce n'eſt peu de temps; car le regiſtre de La Grange la mentionne pour la première fois pour part entière à la date du 9 juin 1662.

Sans être une beauté accomplie, Armande Béjart étoit

douée d'un extérieur séduisant. Nous voyons dans l'histoire de Molière que ce mariage fut pour lui la source de chagrins sans cesse renaissants : la coquetterie de la femme mettoit à bout toute la philosophie du mari, & c'est aux émotions dont son cœur étoit déchiré que nous devons les plus belles scènes de l'admirable poëme du *Misanthrope*. Mademoiselle Poisson dépeint ainsi la femme de Molière : « Elle avoit la taille médiocre, mais un air engageant, quoique avec de très-petits yeux, une bouche fort grande & fort plate ; mais faisant tout avec grâce, jusqu'aux plus petites choses, quoiqu'elle se mît très-extraordinairement & d'une manière presque toujours opposée à la mode du temps. » Un autre contemporain s'exprime ainsi sur son compte & sur celui de La Grange : « Elle avoit la voix extrêmement jolie ; elle chantoit avec un grand goût le françois & l'italien, & personne n'a sçu mieux se mettre à l'air de son visage par l'arrangement de sa coiffure, & plus noblement par l'ajustement de son habit. La Grange & elle faisoient voir beaucoup de jugement dans leur récit ; leur jeu continuoit lors même que leur rôle étoit fini ; ils n'étoient jamais inutiles sur le théâtre, ils jouoient presque aussi bien quand ils écoutoient que lorsqu'ils parloient. »

Mademoiselle Molière avoit eu de son premier mariage trois enfants, savoir : Louis, né le 19 janvier 1664, mort avant son père, à une époque que l'on n'a pu découvrir ; Esprit-Magdeleine, née le 4 août 1665, mariée à Rachel de Montalant & décédée sans postérité le 23 mai 1723 ; Pierre-Jean-Baptiste-Armand, né le 15 septembre 1672, mort le 11 octobre fuivant. Après la mort de fon mari, elle paffa à la troupe de Guénégaud, où elle continua à jouer les premiers rôles de la comédie & les feconds rôles tragiques, & elle époufa, le 31 mai 1677, Ifaac-François Guérin, fieur d'Eftriché, fe qualifiant officier du Roy, acteur de la troupe du Marais réunie à celle du Palais-Royal. Ce mariage n'eut pas l'approbation générale; il étoit fi beau de refter la veuve de Molière!

Dans cette nouvelle phafe de fon exiftence théâtrale, Armande Béjart fournit encore une longue carrière à laquelle les incidents ne manquèrent pas. Ils font confignés dans divers ouvrages du temps, mais il faut toutefois fe défier des traits que la malignité y a aiguifés. Mademoifelle Guérin fut confervée à la feconde réunion de 1680 & fe retira du théâtre le 14 octobre 1694 avec la penfion de mille livres; elle mourut enfin le 30 novembre 1700, laiffant de fon mariage avec Guérin, un fils né en 1678, qui n'exerça pas la profeffion de fon père & qui mourut vers l'année 1708.

Personnages représentés par Mademoiselle Molière dans les comédies de Molière.

Léonor	L'Ecole des Maris.		Alcmène	Amphitryon.
Une Naïade	Les Fâcheux (pr.).		Elise	L'Avare.
Orphise	Les Fâcheux (c.).		Angélique	George Dandin.
Elise	La Cr. de l'Ec. des F.		Julie	M. de Pourceaugn.
Mlle Molière	L'Impr. de Versail.		Eriphile	Les Amants magn.
La Princ. d'Elide	La Princ. d'Elide.		Lucile	Le Bourg. gentilh.
Dircé	Les Pl. de l'Isl. ench.		Psyché	Psyché.
Charlotte	Dom Juan.		Hyacinthe	Les Fourb. de Scap.
Célimène	Le Misanthrope.		Une Bergère	La C. d'Esc. (div.)
Eroxène	Mélicerte.		Un Berger	La C. d'Esc. (div.)
Zaïde	Le Sicilien.		Henriette	Les Femmes sçav.
Elmire	Le Tartuffe.		Angélique	Le Malade imagin.

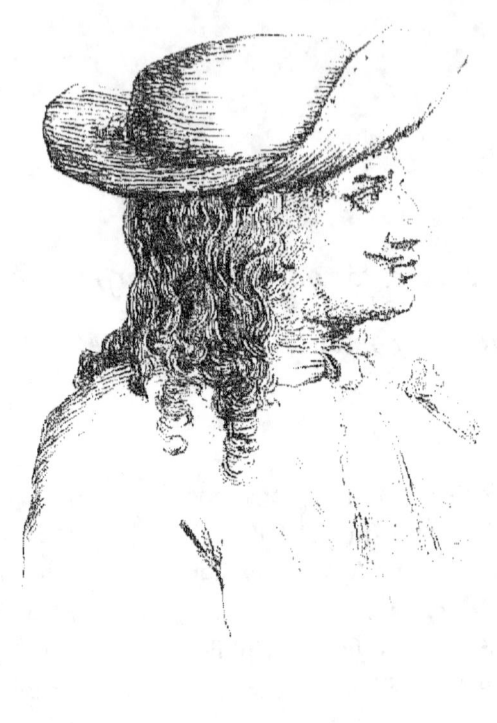

EDME WILQUIN
SIEUR DE BRIE

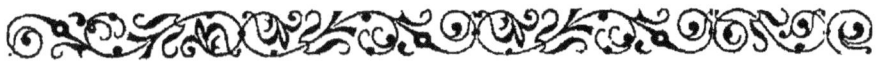

EDME WILQUIN

SIEUR DE BRIE

1658? — 1673

D'après l'eſtampe de J. Sauvé, fur le deſſin de P. Briſart.

'HISTOIRE du théâtre nous fournit peu de détails ſur la vie de ce comédien, qui jouoit dans les troupes de province & qui finalement s'engagea à Lyon dans celle de Molière, qu'il ſuivit à Paris en 1658, avec ſa femme. Il eſt à préſumer que notre auteur tenoit principalement à s'attacher les talents de cette dernière, à en juger par l'importance relative des rôles qu'il confia plus tard à l'un & à l'autre.

Du reſte, Molière n'aimoit point De Brie, dont le caractère bretteur lui inſpiroit peu de ſympathie : il ſemble l'avoir peint au naturel dans le personnage de Sylvestre des *Fourberies de Scapin*, qu'il joua d'original, ainsi que le Maître d'armes du *Bourgeois gentilhomme*.

S'il faut en croire l'auteur de la *Lettre sur Molière & les comédiens de son temps* (*Mercure de France* de mai 1740, p. 847), De Brie succéda à Du Parc dans les rôles de Gros-René. Lors de la dissolution de la troupe du théâtre du Palais-Royal, en 1673, il passa à la salle Mazarine, dite Guénégaud, & mourut vers la fin de 1675 ou au commencement de 1676.

Perſonnages repréſentés par De Brie dans les comédies de Molière.

La Rapière	*Le Dépit amour.*	Un G. de la mar.	*Le Miſanthrope.*
Almanzor.	*Les Précieuſes rid.*	M. Loyal	*Le Tartuffe.*
Villebrequin	*Sganarelle.*	Un Maître d'arm.	*Le Bourg. gentilh.*
Un Commiſſaire.	*L'Ecole des Maris.*	Le Dieu d'un fleuve	*Pſyché.*
Un Notaire	*L'Ec. des Femmes.*	Sylveſtre	*Les Fourb. de Scap.*
La Ramée.	*Dom Juan.*	Diafoirus	*Le Malade imagin.*

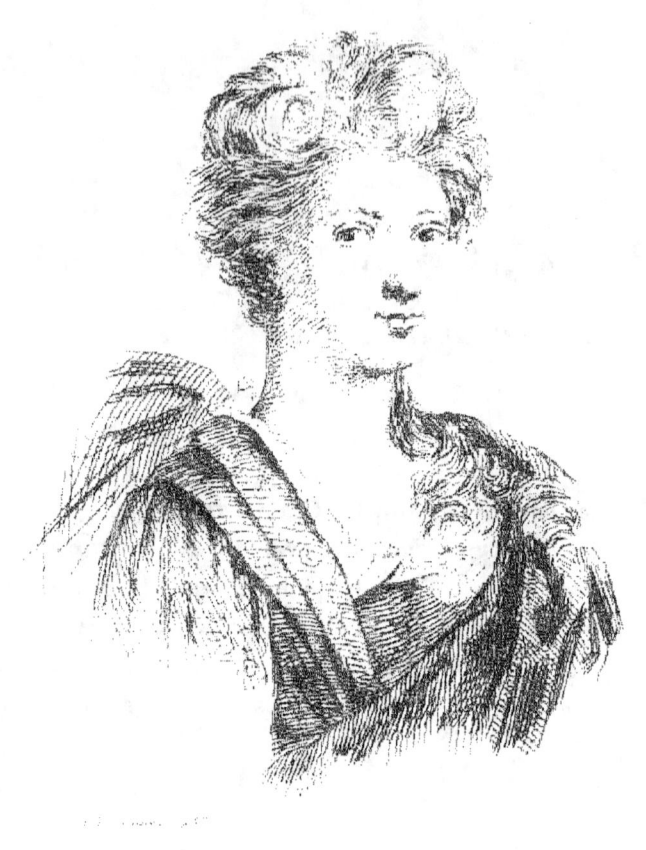

CATHERINE LE CLERC
MADEMOISELLE DE BRIE

CATHERINE LE CLERC
MADEMOISELLE DE BRIE

1653 — 1673

D'après une miniature du temps, peinte sur cuivre.

Sl'on s'en rapporte au récit d'un auteur, Mademoiselle De Brie & Mademoiselle Du Parc faisoient partie d'une troupe qui donnoit des représentations à Lyon lorsque Molière y arriva. Il engagea l'une & l'autre, & devint amoureux de la seconde de ces actrices ; mais, n'ayant pu se la rendre favorable, il tourna ses vœux du côté de Mademoiselle De Brie. Sa liaison avec elle dura jusqu'à son mariage avec la plus jeune des demoiselles Béjart, & se renoua depuis cette union mal assortie, les chagrins que lui causoit sa femme le ramenant à Mademoiselle De Brie, dont le caractère sympathisoit mieux avec le sien.

*

Quoi qu'il en soit de ces faits, dont la source est au moins suspecte, puisqu'ils sont puisés dans un libelle imprimé en Hollande, Mademoiselle De Brie, qui avoit épousé un comédien de la troupe, étoit une excellente actrice, jouant le grand tragique & le noble comique. Elle étoit grande, bien faite & fort jolie : une certaine incertitude dans le regard, que nous remarquons dans ses portraits, devoit donner du piquant à sa physionomie. Elle conserva longtemps un air de jeunesse, & les historiens rapportent à ce propos l'anecdote suivante : Quelques années avant la retraite de Mademoiselle De Brie, ses camarades l'engagèrent à céder le rôle d'Agnès de *l'Ecole des femmes*, qu'elle jouóit avec une grande supériorité; à une autre actrice plus jeune, nommée Angélique Du Croisy. Lorsque celle-ci se présenta sur le théâtre, le parterre demanda Mademoiselle De Brie avec tant d'insistance, qu'on fut obligé d'aller la chercher dans son logis. Elle vint, joua en habit de ville parce qu'on ne voulut pas même lui donner le temps d'en changer, & reçut des applaudissements *qui ne finissoient point*. Elle conserva le rôle d'Agnès jusqu'à sa retraite.

Quelques-uns révoquent en doute cette historiette, que raconte cependant un contemporain, & cela par la difficulté de concilier les dates. En effet, si Mademoiselle De Brie avoit soixante-cinq ans lorsqu'elle se retira en 1685, il faut en conclure qu'elle en avoit déjà quarante-deux quand Molière lui confia, en 1662, le rôle d'Agnès, ce type des ingénues. M. de Tralage peut s'être trompé sur l'âge qu'il donne à Mademoiselle De

Brie à l'époque de sa retraite, mais en tout cas le fait qu'il rapporte n'est pas inadmissible : n'avons-nous pas vu de nos jours Mademoiselle Mars créer des rôles d'amoureuses à cinquante ans passés, & trouver dans les ressources de son admirable talent le secret d'y faire illusion ?

Les vers suivants qu'on nous a conservés semblent d'ailleurs confirmer la vérité de ce récit :

> Il faut qu'elle ait été charmante,
> Puisqu'aujourd'hui, malgré ses ans,
> A peine des attraits naissans
> Egalent sa beauté mourante.

Mademoiselle De Brie, qui avoit passé en 1673 au théâtre de Guénégaud, fut conservée à la réunion, & reçut l'ordre de sa retraite avec la pension de mille livres le lundi 19 juin 1684; cependant il paroît qu'elle joua jusqu'au 14 avril 1685. Elle mourut le 19 novembre 1706.

Personnages représentés par Mademoiselle De Brie dans les comédies de Molière.

Célie	L'Etourdi.	Mathurine	Dom Juan.
Lucile	Le Dépit amour.	Eliante	Le Misanthrope.
Madelon	Les Précieuses rid.	Daphné	Mélicerte.
La Femm. de Sgan.	Sganarelle.	Iris	La Past. comique.
Isabelle	L'Ecole des Maris.	Isidore	Le Sicilien.
Climène	Les Fâcheux.	Mariane	Tartuffe.
Agnès	L'Ec. des Femmes.	Mariane	L'Avare.
Uranie	La Cr. de l'Ec. des F.	Claudine	George Dandin.
Mlle De Brie	L'Impr. de Versail.	Dorimène	Le Bourg. gentilh.
2ᵉ Egyptienne	Le Mar. forcé (b.).	Vénus	Psyché.
Cynthie	La Princ. d'Elide.	Nérine	Les Fourb. de Scap.
Célie	Les Pl. de l'Isl. ench.	Une Nymphe	La C. d'Esc. (div.).
Le Siècle d'airain	Id.	Armande	Les Femmes sçav.

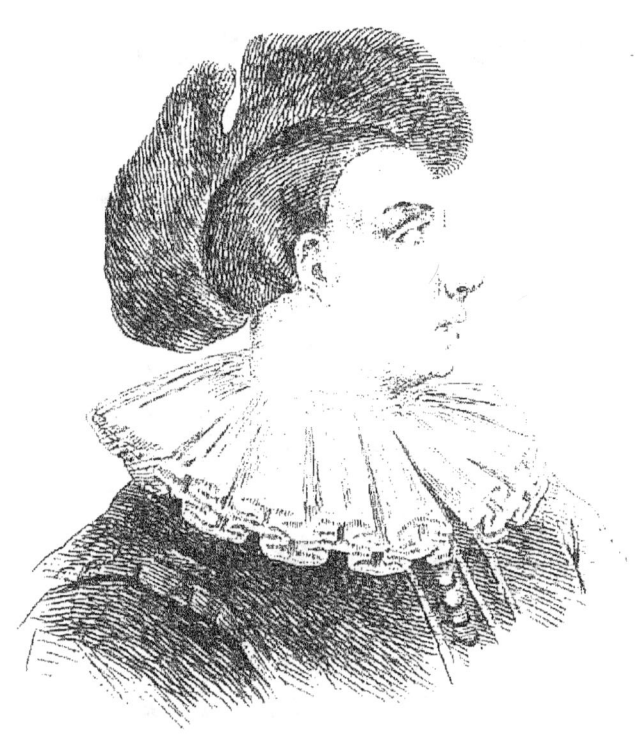

Du Parc
dit Gros-René

DU PARC

dit GROS-RENE

1645 — 1664

D'après un ancien portrait à l'aquarelle fur papier.

DU PARC fut un des acteurs de la troupe bourgeoife qui joua en 1645 fur l'*Illuftre Théâtre*. La tentative que cette fociété avoit faite de s'établir à Paris n'ayant pas été couronnée de fuccès, Molière propofa à quelques-uns de fes camarades de fe joindre à lui pour aller jouer la comédie en province. Du Parc fut un de ceux qui agréèrent la propofition, & il fuivit la troupe à Lyon, où il prit le nom de *Gros-René*; il accompagna enfuite Molière en Languedoc, & revint avec lui à Paris, y amenant fa femme en 1658.

Ce comédien étoit d'une corpulence assez replète : Molière fait allusion à son embonpoint dans la première scène du *Dépit amoureux*, en mettant ce vers dans la bouche du valet qui porte son nom :

Et suis homme fort rond de toutes les manières.

Loret, dans sa *Muse historique* du 31 mai 1659, parle d'une pièce jouée à l'impromptu par deux acteurs françois & quatre italiens à Vincennes, devant le Roy & toute la cour, où Gros-René fit un rôle. Un commentateur infère de là que notre acteur avoit quitté alors la troupe du Palais-Royal pour aller remplacer Jodelet à l'Hôtel de Bourgogne. Le sixain suivant le donneroit assez clairement à entendre :

>Dudit acteur les compagnons,
>Quoiqu'ils se soient frottés d'oignons,
>N'ont pas pleuré cette disgrâce ;
>Car Gros-René vient à sa place,
>Homme tiré sur le rolet
>Et qui vaut trois fois Jodelet.

Quoi qu'il en soit, Gros-René mourut le 4 novembre 1664; sa mort affligea tellement ses camarades qu'ils firent relâche ce jour-là, quoique ce fût un mardi, qui leur appartenoit d'après le partage qu'ils avoient fait de la semaine avec les comédiens italiens. Sa part fut continuée à Mademoiselle Du Parc jusqu'en 1665.

*Perſonnages repréſentés par Du Parc
dans les comédies de Molière.*

Gros-René . . .	*Le Dépit amour.*	Ergaſte.	*L'Ecole des Maris.*
Gros-René . . .	*Sganarelle.*	La Montagne . .	*Les Fâcheux.*
L'Eté	*Les Pl. de l'Iſl. ench.*		

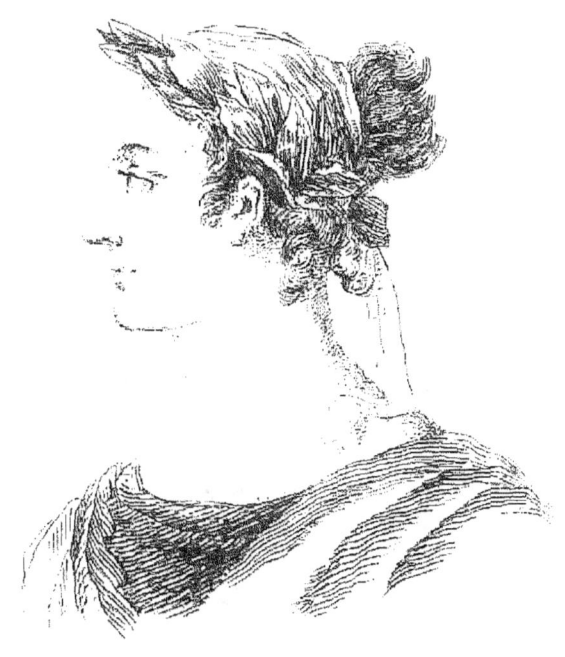

Mademoiselle Du Parc

MADEMOISELLE DU PARC

1653 — 1667

D'après un portrait à l'aquarelle fur papier.

CETTE actrice jouoit à Lyon lorfqu'elle s'engagea dans la troupe de Molière, qui exploitoit le midi de la France, & elle fuivit fa fortune quand il obtint de s'établir définitivement au Petit-Bourbon, en 1658; elle étoit femme de Du Parc, connu au théâtre fous le nom de Gros-René.

Mademoifelle Du Parc, joignant à une figure noble un talent diftingué dans les feconds rôles tragiques, fut très-utile à Molière qui apprécioit fon jeu & en a témoigné dans la première fcène de *l'Impromptu de Verfailles*. Le rôle d'Axiane, qu'elle remplit dans la tragédie d'*Alexandre*, de Racine, lui fit beaucoup d'honneur, & cet illuftre poëte fut tellement charmé de la manière dont elle s'en étoit tirée, qu'il forma le deffein de la faire paffer à l'Hôtel de Bourgogne, où il avoit réfolu de donner fes ouvrages à l'avenir. Il en fit faire la propofition à Mademoifelle Du Parc ; celle-ci l'accepta, & joua *Andromaque* qu'elle repréfenta fupérieurement bien. De cette réfolution de Racine, & de l'efpèce d'enlèvement qui s'enfuivit d'une actrice à laquelle Molière étoit attaché, date le refroidiffement qui défunit deux grands hommes faits pour s'eftimer.

Aux talents dont nous venons de parler, Mademoifelle Du Parc joignoit celui de la danfe, & elle eft citée comme une des femmes qui, les premières, figurèrent dans les ballets. Le *Mercure de France*, dans la *Lettre fur les comédiens* (mai 1740) donne à ce fujet de curieux détails.

Une remarque affez piquante, faite par un commentateur, eft celle-ci, que cinq des plus beaux génies du fiècle de Louis XIV devinrent fucceffivement amoureux de Mademoifelle Du Parc : Molière à Lyon en 1653, les deux Corneille à Rouen en 1658, La Fontaine & Racine à Paris en 1664; il paroît que ce dernier fut le feul écouté. On peut confulter, à la Bibliothèque de l'Arfenal, le recueil manufcrit de Conrart, où Mademoifelle Du Parc eft citée comme l'objet de leurs hommages fous le pfeudonyme de *Marquife*.

Cette actrice eft morte le 11 décembre 1668. Robinet a décrit en vers la cérémonie de fes funérailles.

Personnages représentés par Mademoiselle Du Parc dans les comédies de Molière.

Hippolyte	*L'Etourdi.*	Dorimène	*Le Mariage forcé.*
Cathos	*Les Précieuses rid.*	Aglante	*La Princ. d'Elide.*
Célie	*Sganarelle.*	Le Printemps	*Les Pl. de l'Isl. ench.*
Elvire	*D. Garcie de Nav.*	Alcine	*Id.*
Orante	*Les Fâcheux.*	Elvire	*Dom Juan.*
Climène	*La Cr. de l'Ec. des F.*	Arsinoé	*Le Misanthrope.*
Mlle Du Parc	*L'Impr. de Versail.*	Mélicerte	*Mélicerte.*

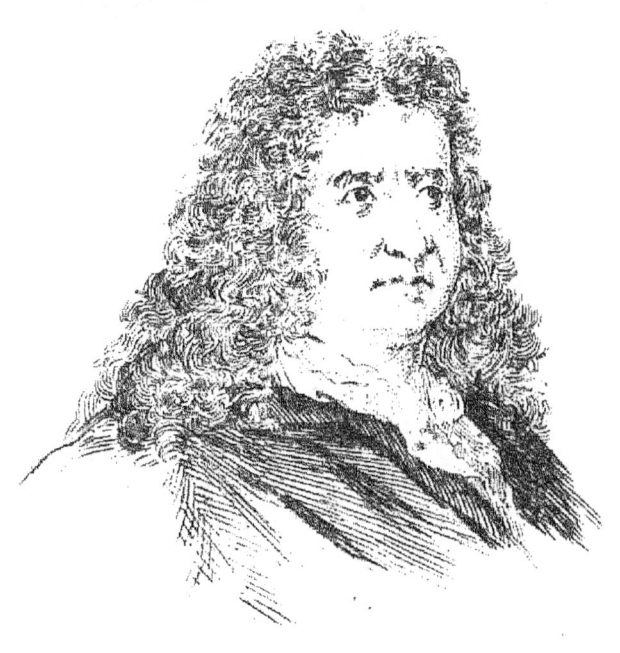

GUILLAUME MARCOUREAU
SIEUR DE BRÉCOURT

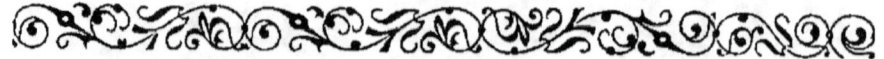

GUILLAUME MARCOUREAU
SIEUR DE BRECOURT
1658 — 1664

D'après un portrait en pied, à l'aquarelle.

LES premières années de la vie de Brécourt offrent peu de faits bien avérés. Un annaliste des spectacles a prétendu qu'il étoit hollandois; que Filandre, chef d'une troupe de province, lui ayant reconnu des dispositions, lui fit apprendre le françois & le garda quelque temps. Dans tous les cas, il est constant qu'il embrassa de très-bonne heure le parti de la comédie; qu'il la joua pendant quelques années en province dans différentes sociétés & qu'il finit par s'attacher à celle de Molière. Lorsque celui-ci vint s'établir à Paris en 1658, Brécourt le suivit & fut regardé dès-lors comme un des meilleurs acteurs de son théâtre. Il n'y resta pas longtemps ; ayant eu le malheur de tuer un cocher sur la route de Fontainebleau, il fut obligé de se sauver, & il se retira en Hollande, où il s'engagea dans une troupe françoise entretenue aux frais du prince d'Orange. Ceci dut se passer vraisemblablement en 1663, c'est-à-dire entre l'époque de la première représentation de *l'Ecole des Femmes*, qui eut lieu le 26 décembre 1662, dans laquelle Brécourt joua le rôle d'Alain, & celle de son début à l'Hôtel de Bourgogne, en 1664.

Pendant son séjour en Hollande, le hasard fit que la Cour de France, pour des raisons d'Etat, voulut faire arrêter un particulier qui s'y étoit retiré. Brécourt, préoccupé des moyens qui pouvoient lui faciliter son retour dans sa patrie, s'offrit pour cette entreprise, qui avoit ses dangers. Effectivement, elle échoua, & notre acteur, jugeant dès-lors que sa vie n'étoit pas en sureté, prit son parti sur le champ & revint en poste à Paris. Le Roy, informé de la bonne volonté dont il avoit donné des preuves, lui accorda sa grâce & lui permit de rentrer dans la troupe du Palais-Royal.

Ce comédien a joué avec un grand succès le tragique & le comique. Louis XIV, charmé de son originalité dans le personnage d'Alain, dont nous avons parlé plus haut, ne put s'empêcher de dire : « Cet homme-là feroit rire des pierres ! » Il étoit de moyenne taille, la figure pleine, mais extrêmement pâle : c'est précisément ce que dit Mascarille du vicomte de Jodelet, représenté par Brécourt dans *les Précieuses ridicules*.

M. de Tralage nous confie dans ses mémoires manuscrits que Brécourt n'avoit que trois petits défauts : il aimoit avec excès le vin, le jeu & les femmes. Ces écarts de conduite lui firent une réputation assez désavantageuse; & l'obligèrent à contracter des dettes que l'on ne put acquitter après sa mort, puisqu'elles surpassoient de plus de vingt mille livres la valeur de sa succession.

Brécourt étoit brave. En 1678, se trouvant à la chasse du Roy, à Fontainebleau, il joua une scène assez longue avec un sanglier qui l'atteignit à la botte & le tint quelque temps en échec. Il parvint cependant à lui enfoncer son épée dans le corps jusqu'à la garde & le tua roide. Louis XIV, témoin de cette action, lui en fit compliment en lui demandant s'il n'étoit point blessé ; & le soir il la raconta devant toute la Cour, en disant qu'il n'avoit jamais vu donner un aussi vigoureux coup d'épée.

Après avoir quitté la troupe de Molière, en 1664, Brécourt s'étoit engagé à l'Hôtel de Bourgogne & fut conservé à la réunion en 1680. Il joua encore un peu plus de quatre ans & se rompit une veine par les efforts qu'il fit en représentant à la Cour le principal rôle de sa comédie de *Timon;* il mourut des suites de cet accident vers la fin de février 1685. Il a fait représenter six comédies, dont cinq ont été publiées ; elle sont très-foibles & d'un style trivial. *L'Ombre de Molière*, imprimée à la suite des œuvres de ce grand homme, est une revue insipide des personnages qui figurent dans ses principales comédies.

Personnages représentés par Brécourt

dans les comédies de Molière.

Jodelet . . . . . Les Précieuses rid.	Brécourt . . . . L'Impr. de Versail.
Alain . . . . . . L'Ec. des Femmes.	Pancrace . . . . Le Mariage forcé.
Dorante . . . . LaCr.del'Ec.desF.	

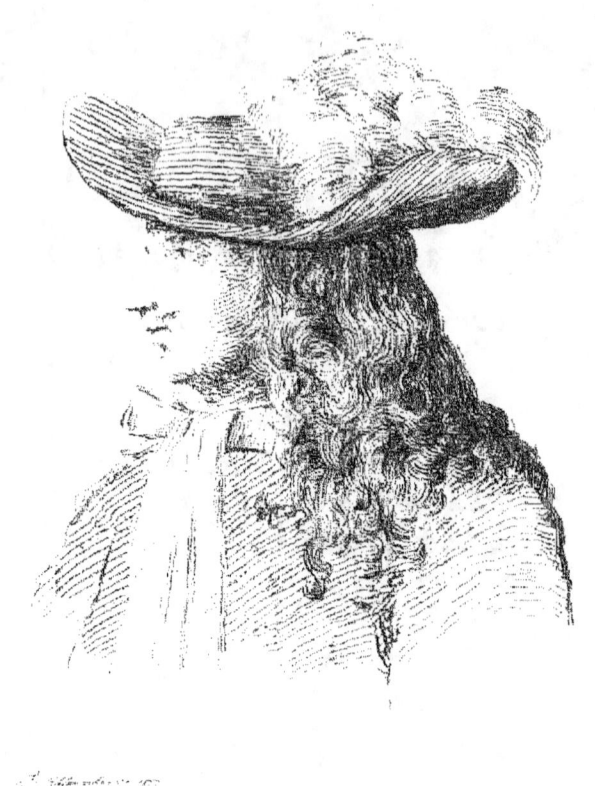

CHARLES VARLET
SIEUR DE LA GRANGE

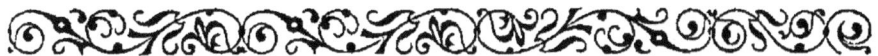

CHARLES VARLET

SIEUR DE LA GRANGE

1659 — 1673

D'après l'eſtampe de J. Sauvé, ſur le deſſin de P. Briſart.

VARLET DE LA GRANGE eſt né à Amiens. Dès ſa première jeuneſſe, excédé par les chicanes de ſon tuteur, il prit avec ſon frère Achille le parti de la comédie & parcourut pendant quelques années la province : il rencontra dans ces circonſtances Molière qui l'engagea dans ſa troupe & l'emmena en 1658 à Paris, où il débuta à Pâques de l'année ſuivante, ſur le théâtre du Petit-Bourbon. Molière mit à profit la rare intelligence de cet acteur, qu'il avoit pris plaiſir à former & qui devint, avec Du Croiſy, un de ses plus fermes soutiens; il suffit de faire remarquer qu'il créa vingt-neuf rôles dans les trente-cinq comédies & divertissements qui sont sortis de la plume de notre poëte comique. On trouve, du reste, dans *l'Impromptu de Versailles*, une preuve non équivoque du talent de La Grange; en effet, après avoir donné des avis à plusieurs de ses camarades, Molière n'adresse à La Grange que ces mots: « Pour vous, je n'ai rien à vous dire. » Celui-ci recevoit ainsi de la bouche du maître l'éloge le plus flatteur, & il faut croire qu'il étoit bien mérité.

A la dissolution de la troupe du Palais-Royal, La Grange passa au théâtre de Guénégaud & fut conservé à la réunion de 1680; à cette époque, il quitta la tragédie, car il avoit joué jusqu'alors les deux genres, & s'en tint aux rôles du haut comique. Quoique parvenu à un certain âge, il représentoit encore les amoureux de manière à faire illusion, grâce à ses manières nobles & aisées. Sa taille étoit bien prise, quoique médiocre.

Molière avoit déjà cédé à La Grange l'emploi d'orateur dans la troupe du Palais-Royal; il l'exerça aussi sur le théâtre de la rue Mazarine, &, plus tard, lorsqu'il fut admis à l'Hôtel de Bourgogne à la réunion générale, Hauteroche qui le remplissoit & qui se sentoit vieillir, permit qu'il lui succédât. Chappuzeau, dans son *Théâtre françois* (pages 282-284), nous donne à cet égard son opinion, qui est précieuse en ce qu'elle renferme une appréciation du caractère & de la personne de La Grange; il s'exprime ainsi: « Comme il a beaucoup de feu & de cette honnête hardiesse si nécessaire à l'orateur, il y a du plaifir à l'écouter quand il vient faire le compliment; & celui dont il fçut régaler l'affemblée à l'ouverture de la troupe du Roy étoit de la dernière jufteffe. Ce qu'il avoit imaginé fut prononcé avec une merveilleufe grâce; & je ne puis dire enfin de lui que ce que j'entends dire à tout le monde, qu'il eft très-poli & dans fes difcours & dans toutes fes actions. Mais il n'a pas feulement fuccédé à Molière dans la fonction d'orateur; il lui a fuccédé auffi dans le foin & le zèle qu'il avoit pour les intérêts communs, & pour toutes les affaires de la troupe, ayant tout enfemble de l'intelligence & du crédit. »

La Grange n'avoit qu'une fille de fon mariage avec Marie Ragueneau : défefpéré de l'avoir unie à un homme qui la rendit malheureufe, il prit un fond de chagrin qui l'emporta le famedi 1er mars 1692, à 7 heures & demie du matin. Il fut enterré à St-André-des-Arcs.

On doit à La Grange la première édition complète des œuvres de Molière, qu'il fit paroître en 1682 de concert avec fon ami Vinot. Elle comprend fept comédies qui n'avoient pas encore été imprimées, & la préface qui eft à la tête du livre, donne fur la perfonne de l'auteur & fur fes écrits des détails précieux qui font confidérés comme dignes de foi.

Personnages représentés par La Grange dans les comédies de Molière.

Lélie	L'Etourdi.	Corydon	La Paſt. comique.
La Grange	Les Précieuſes rid.	Adraſte	Le Sicilien.
Lélie	Sganarelle.	Valère	Le Tartuffe.
Dom Alfonſe	Dom Garc. de Nav.	Amphitryon	Amphitryon.
Valère	L'Ecole des Maris.	Cléante	L'Avare.
Liſandre	Les Fâcheux.	Clitandre	George Dandin.
Horace	L'Ec. des Femmes.	Eraſte	M. de Pourceaugn.
Le Marquis	La Cr. de l'Ec. des F.	Iphicrate	Les Amants magn.
La Grange	L'Impr. de Verſail.	Cléonte	Le Bourg. gentilh.
Lycaſte	Le Mariage forcé.	Agénor	Pſyché.
Euryale	La Princ. d'Elide.	Léandre	Les Fourb. de Scap.
Apollon	Les Pl. de l'Iſl. ench.	Le Vicomte	La C. d'Eſc.
Dom Juan	Dom Juan.	Clitandre	L'Ec. des Femmes.
Acaſte	Le Miſanthrope.	Cléante	Le Malade imagin.
Acanthe	Mélicerte.		

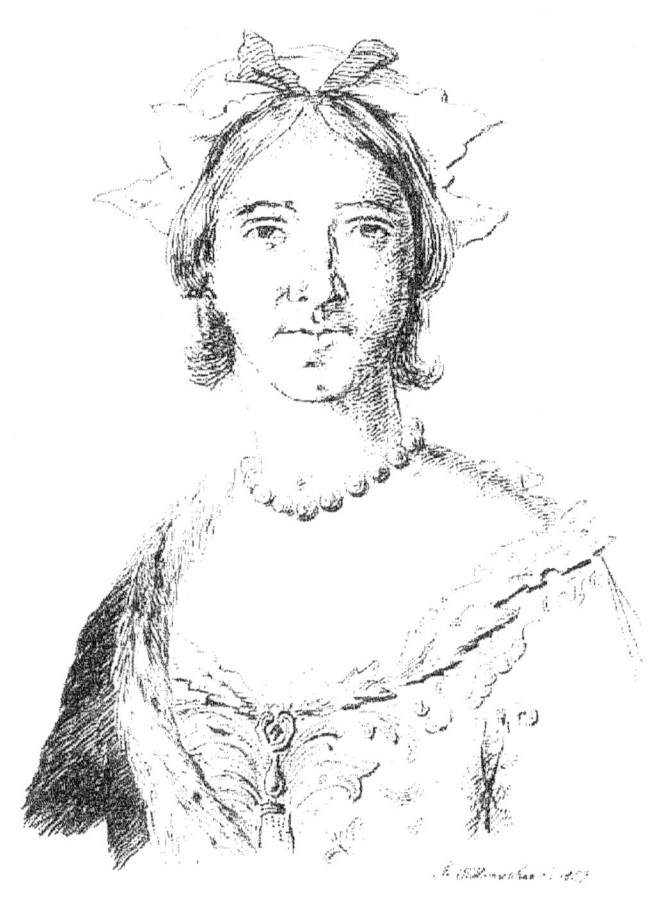

MARIE RAGUENEAU
MADEMOISELLE LA GRANGE

MARIE RAGUENEAU

MADEMOISELLE DE LA GRANGE

1659? — 1673

D'après un croquis au crayon noir.

MARIE RAGUENEAU, fille d'un bourgeois de Paris que l'hiſtoire du théâtre nous montre attaché à la fortune de Molière en qualité de comédien lors de ſes premières excurſions en province, étoit à cette époque femme de chambre de Mademoiſelle De Brie, & finit par monter ſur la ſcène & par épouſer La Grange, un des acteurs les plus importants de la troupe. Elle jouoit au Palais-Royal les rôles de caractère dans la comédie, les ſeuls où elle fût goûtée du public, & c'eſt peut-être à cette actrice, qu'on appeloit *Marotte* par corruption de son prénom, qu'échut le rôle de la Comtesse d'Escarbagnas, attribué par la tradition à *Marotte* Beaupré ; mais ce n'est là qu'une conjecture.

Quoi qu'il en soit, Marie Ragueneau étoit fort laide & néanmoins coquette, ce qui lui attira l'épigramme suivante :

>Si, n'ayant qu'un amant, on peut passer pour sage,
> Elle est assez femme de bien ;
> Mais elle en auroit davantage
> Si l'on vouloit l'aimer pour rien.

Après la mort de Molière, elle passa à Guénégaud, fut conservée à la réunion de 1680, & se retira le 1er avril 1692 avec la pension de mille livres. Elle mourut le 2 ou le 3 février 1727.

Personnage représenté par Mademoiselle De La Grange dans les comédies de Molière.

Béline . . . Le Malade imaginaire.

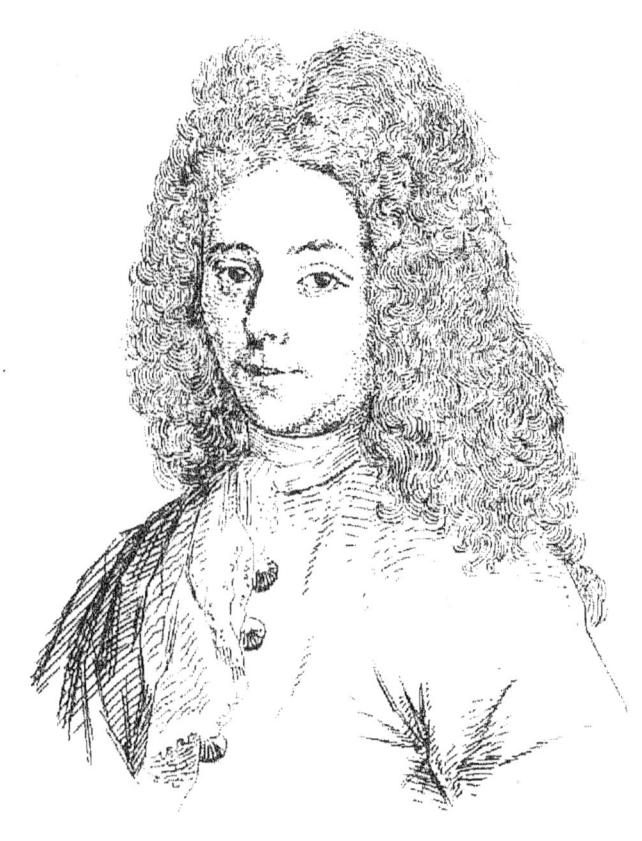

PHILIBERT GASSAUD
SIEUR DU CROISY

PHILIBERT GASSAUD
SIEUR DU CROISY

1659 — 1673

D'après un portrait du temps, peint à l'huile.

GASSAUD DU CROISY, gentilhomme du pays de Beauce, étoit à la tête d'une troupe de province, & fe joignit à celle de Molière lorfque celui-ci vint prendre à Paris fon établiſſement définitif, en 1658 : il débuta fur fon théâtre à Pâques de l'année 1659.

Du Croify fut un des meilleurs comédiens du Palais-Royal, & il eſt aifé de fe convaincre de la flexibilité de fon talent en confidérant la diverfité des rôles dont il fut chargé ; le plus important eſt celui de Tartuffe, où il paroît qu'il excelloit. Dans la tragédie, il se bornoit aux emplois de confidents.

Doué d'une physionomie distinguée, ayant des yeux expressifs & une tournure qu'un certain embonpoint ne déparoit pas à la scène, Du Croisy fournit une longue carrière & joua dans presque toutes les pièces de Molière. Après la mort de son chef, il passa sur le théâtre de Guénégaud, fut conservé à la réunion en 1680, & quitta la scène le lundi 18 avril 1689, avec la pension de mille livres. Désormais libre, il se retira dans une maison qu'il possédoit à Conflans-Ste-Honorine près Paris, auprès de sa sœur, veuve du célèbre comédien Bellerose ; il y avoit la réputation d'un fort honnête homme, se conciliant l'estime de tout le monde, & l'on vit le créateur du rôle de Tartuffe vivre en parfaite amitié avec son curé, qui le regardoit comme un de ses meilleurs paroissiens. M. de Tralage rapporte même qu'à sa mort, arrivée vers la fin de 1695 par l'effet d'une goutte remontée, ce prêtre fut tellement affecté, qu'il n'eut pas le courage de présider à la cérémonie du convoi & pria un confrère de s'en charger à sa place.

Du Croisy avoit épousé Marie Claveau, qui suivit également la carrière du théâtre, & dont nous parlons en son lieu.

*Personnages représentés par Du Croisy
dans les comédies de Molière.*

Métaphraste	Le Dépit amour.	Mercure	Amphitryon.
Du Croisy	Les Précieuses rid.	Valère	L'Avare.
Lysidas	La Cr. de l'Ec. des F.	M. de Sotenville.	George Dandin.
Du Croisy.	L'Impr. de Versail.	Sbrigani	M. de Pourceaugn.
Marphurius	Le Mariage forcé.	Timoclès	Les Amants magn.
Aristomène	La Princ. d'Elide.	Le Maître de phil.	Le Bourg. gentilh.
M. Dimanche.	Dom Juan.	Jupiter	Psyché.
Oronte	Le Misanthrope.	Géronte	Les Fourb. de Scap.
Tyrène.	Mélicerte.	M. Harpin	La C. d'Esc.
Un Sénateur	Le Sicilien.	Vadius	Les Femmes sçav.
Tartuffe	Le Tartuffe.	Béralde.	Le Malade imagin.

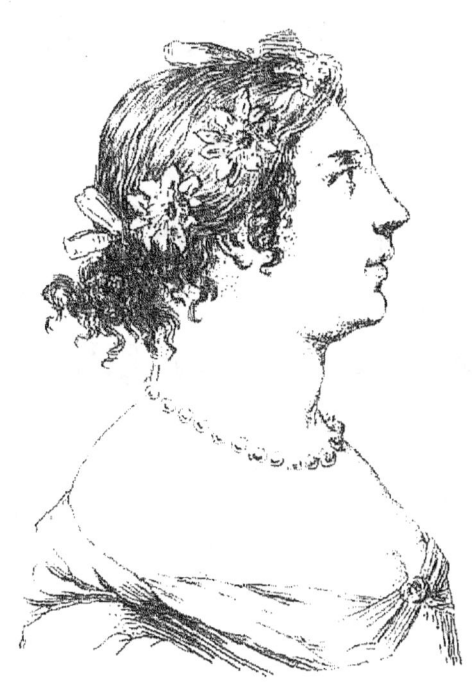

MARIE CLAVEAU
MADEMOISELLE DU CROISY

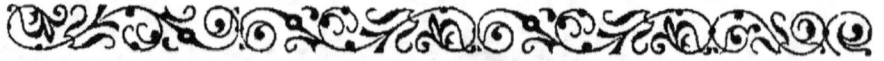

MARIE CLAVEAU
MADEMOISELLE DU CROISY

166. — 1673

D'après un portrait ancien, à l'aquarelle.

MARIE CLAVEAU, femme de l'acteur Du Croisy, étoit née en Poitou; elle étoit alliée par sa famille à M. Du Landas, lieutenant-général de La Rochelle, parent de Joseph Du Landas, sieur Du Pin, comédien de la troupe du Roy.

C'étoit une actrice assez médiocre, qui resta quelques années dans la troupe du Palais-Royal & se retira à la mort de Molière. Elle eut de son mariage avec Du Croisy deux filles, savoir : Angélique, qui jouoit en 1666 à l'âge de cinq ans dans la troupe du Dauphin, & mourut en février 1670; & Marie-Angélique, qui épousa Paul Poisson.

Personnage représenté par Mademoiselle Du Croisy dans les comédies de Molière.

Mademoiselle Du Croisy . . . *L'Impromptu de Versailles.*

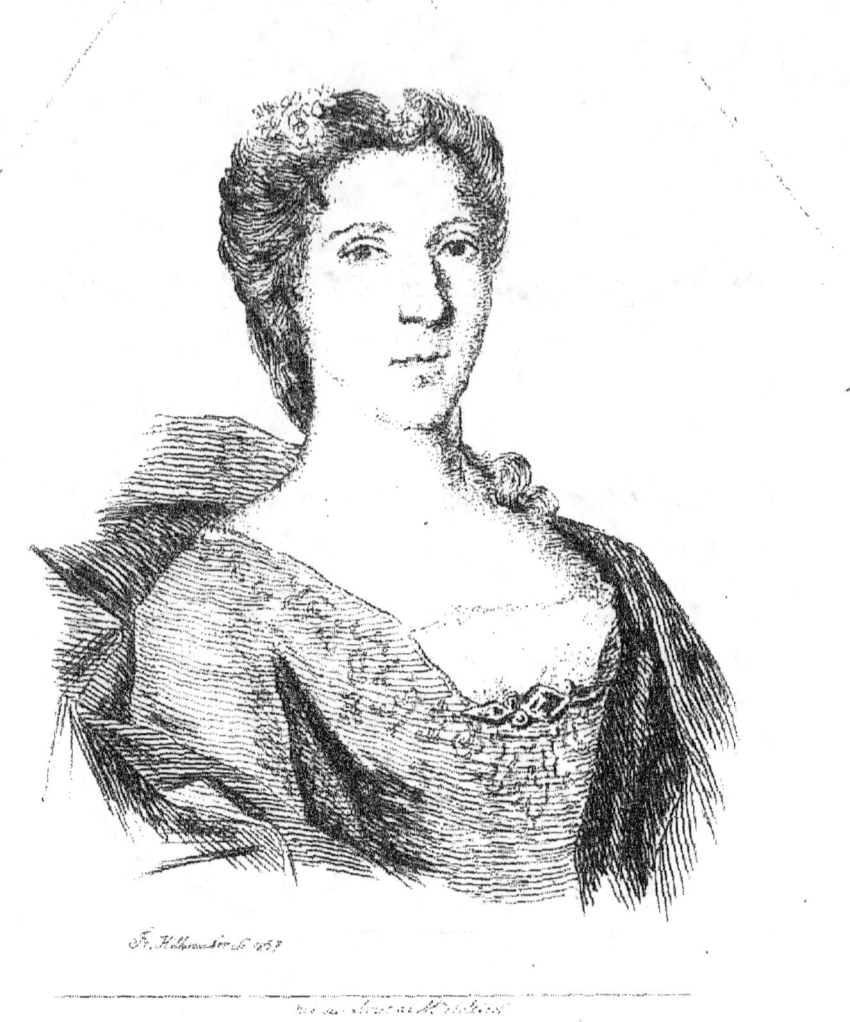

JEANNE OLIVIER BOURGUIGNON
MADEMOISELLE BEAUVAL

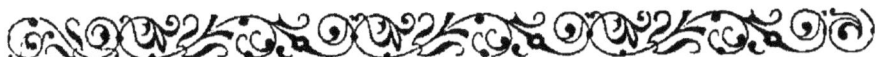

JEANNE-OLIVIER BOURGUIGNON

MADEMOISELLE BEAUVAL

1670 — 1673

D'après un portrait peint à l'huile.

L A vie de Mademoiſelle Beauval offre une ſucceſſion d'incidents aſſez romaneſques. Elle naquit en Hollande & fut expoſée à la porte d'une égliſe, ſans qu'aucun renſeignement permît de découvrir à qui elle devoit l'exiſtence. Une blanchiſſeuſe eut pitié de ſon ſort & l'éleva juſqu'à l'âge de dix ans; elle la céda enſuite à Filandre, chef d'une troupe de comédiens qui ſe trouvoit alors dans le pays. Cet acteur n'avoit point d'enfants, & s'étoit engagé par un vœu ſolennel à en adopter un qui ſe trouveroit dans la ſituation où étoit alors cette jeune orpheline. Sa vivacité lui plut, il en prit un foin particulier, &, croyant reconnoître en elle des difpofitions pour le théâtre, il lui fit jouer quelques petits rôles dont elle s'acquitta fort bien.

Filandre, après avoir parcouru la Hollande & une partie de la Flandre, revint en France & fe rendit à Lyon. Monchinge, plus connu fous le nom de *Paphetin*, y étoit depuis quelque temps avec fa troupe : il vit jouer la petite Bourguignon &, augurant bien de fes talents futurs, il lui fit propofer de s'engager avec lui, promettant de lui donner de bons appointements & même de l'adopter pour fa fille. La petite accepta fes offres fur le champ, & quitta Filandre fans la moindre marque de regret : ce qui n'eft pas le trait le plus louable qu'on puiffe citer d'elle.

Peu de temps après, elle prit du goût pour Beauval, qui n'étoit encore que gagifte de la troupe de Paphetin, où fes fonctions confiftoient à moucher les chandelles. Ce choix fingulier convenoit à fon caractère altier & dominant : il lui falloit un mari d'une complaifance à toute épreuve, qui voulût bien fouffrir tous fes caprices & qui eût la docilité de ne fe mêler en rien des affaires du ménage. Elle crut trouver ce phénix dans Beauval & ne fe trompa point : il jura de lui être toujours foumis, & tint exactement parole.

Toutefois, on penfe bien que ces vues ne convenoient pas à Paphetin, père adoptif de la jeune Bourguignon : il obtint de l'archevêque de Lyon un ordre portant défenfe à tous les curés de fon diocèfe de procéder au mariage. Un pareil obstacle eût arrêté bien des gens; Mademoiselle Bourguignon s'en embarrassa peu, & trouva moyen de le lever. Un dimanche matin elle se rendit à sa paroisse, accompagnée de Beauval qu'elle fit cacher sous la chaire; lorsque le curé eut achevé de dire le prône, elle se leva & déclara qu'en présence de l'Eglise & des assistants elle prenoit Beauval pour son légitime époux : à l'instant parut celui-ci, qui dit également, à haute & intelligible voix, qu'il acceptoit la demoiselle Bourguignon pour sa légitime épouse (1). Après cet éclat, on fut obligé de les marier; &, bien que Beauval eût alors très-peu de talent pour le théâtre, Paphetin le reçut dans sa troupe.

A peine un an s'étoit-il écoulé depuis le mariage de Mademoiselle Beauval, que Molière obtint un ordre du Roy pour la faire passer sur son théâtre. Elle y débuta au mois de septembre 1670; mais le Roy, devant qui elle joua à Chambord, ne l'agréa pas & s'en expliqua nettement devant Molière, à qui il dit qu'il falloit donner à une autre le rôle de Nicole qui lui étoit destiné dans le *Bourgeois gentilhomme*. Molière fut affligé de cette interdiction, qui frappoit une actrice à laquelle il trouvoit du talent; il prit une tournure adroite en suppliant le monarque de permettre qu'elle parût encore dans la pièce nouvelle, vu le peu de temps qui restoit pour la suppléer. Véritablement, dans l'intervalle, il appropria

---

(1) Cela ressembloit beaucoup à ce que l'on appeloit mariages *par paroles de présens*, interdits par le concile de Trente.

le rôle tellement à ses moyens & même à son défaut capital, qui étoit un tic qui la portoit à rire sans cesse en parlant, qu'elle joua parfaitement & qu'après le spectacle Louis XIV ne put s'empêcher de dire à Molière : « Je reçois votre actrice. »

Mademoiselle Beauval étoit grande, bien faite, mais nullement jolie, & sa voix, naturellement aigre, s'enroua sur la fin. Elle joua avec succès les reines dans la tragédie, & les soubrettes dans la comédie. En comparant la physionomie de ces derniers rôles avec le caractère connu de cette actrice, qui étoit difficile à vivre vis-à-vis de ses camarades ainsi que dans son domestique, on voit clairement que les auteurs du temps traçoient quelquefois, d'après ceux qui les devoient jouer, certains personnages qu'ils mettoient au théâtre. Baron a peint notre actrice au naturel dans le prologue du *Rendez-vous des Thuileries*, & Regnard dans celui des *Folies amoureuses*; Molière semble aussi l'avoir eue en vue dans le rôle de Cléanthis d'*Amphitryon*, & il paroît qu'effectivement elle a joué ce rôle, que d'autres commentateurs attribuent néanmoins à Magdeleine Béjart.

Un esprit naturel lui tenoit lieu de l'éducation qu'elle n'avoit pas reçue ; elle étoit ignorante à tel point, qu'à peine sçavoit-elle lire & qu'elle épeloit ses lettres les unes après les autres. Son mari lui copioit ses rôles, & jamais elle ne put déchiffrer une autre écriture que celle de Beauval.

C'est encore un coup de tête qui amena sa retraite. Mademoiselle Desmares, ayant paru à Versailles dans la comédie, y fut fort goûtée & reçut un ordre du Dauphin d'étudier les rôles de Mademoiselle Beauval & d'y doubler cette actrice. Ce qu'apprenant, elle dit d'un air chagrin : « Je vois bien que cet ordre est pour me faire entendre que je ne suis plus capable de remplir mon emploi ; ainsi, je me retire. » En effet, elle demanda son congé & celui de son mari, &, les ayant obtenus, l'un & l'autre quittèrent le théâtre à la clôture de 1704.

Depuis sa retraite, Mademoiselle Beauval fut appelée à plusieurs fêtes que la duchesse du Maine donna à Sceaux, & y joua différents rôles. Elle mourut le lundi 20 mars 1720, âgée d'environ 73 ans.

*Personnages représentés par Mademoiselle Beauval
dans les comédies de Molière.*

Cléanthis	*Amphitryon.*	Zerbinette	*Les Fourb. de Scap.*
Nicole	*Le Bourg. gentilh.*	Julie	*La Comt. d'Escarb.*
Cidippe	*Psyché.*	Toinette	*Le Malade imagin.*

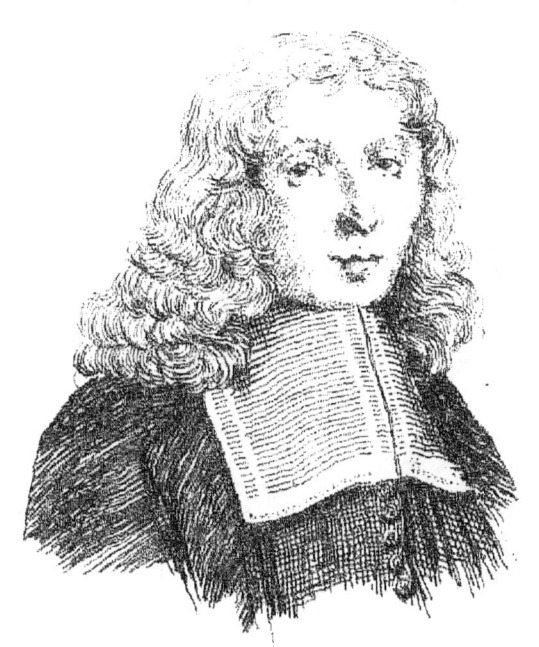

JEAN PITEL l'aîné
SIEUR DE BEAUVAL

JEAN PITEL l'aîné
SIEUR DE BEAUVAL
1670 — 1673

D'après un portrait à l'aquarelle sur vélin.

PITEL DE BEAUVAL étoit frère de Pitel de Longchamp qui a suivi la carrière du théâtre en province ; il étoit lui-même employé à Lyon dans la troupe de Paphetin, qui lui avoit confié le soin de moucher les chandelles. Dans l'exercice de cette utile fonction, Beauval, négligé probablement de toute la Société, n'en fut pas moins distingué par Jeanne Bourguignon, & on peut voir, dans la notice consacrée à la vie de cette comédienne, de quelle manière elle s'y prit pour amener leur mariage. Cet événement valut à Beauval son admission sur la scène.

La réputation de Mademoiselle Beauval étant arrivée jusqu'à Paris, Molière sollicita un ordre du Roy pour la faire débuter au théâtre du Palais-Royal, & son mari y entra avec elle en 1670; il remplissoit les rôles de niais & de vieilles femmes ridicules. C'étoit un fort honnête homme, de petit génie, mais bon époux, bon père & vivant dans une grande union avec ses camarades. Malgré la foiblesse de son talent, Molière sut en tirer parti en lui donnant des rôles appropriés à son individu : ainsi, il joua avec supériorité celui de Thomas Diafoirus dans la comédie du *Malade imaginaire*. On dit que Molière, en faisant répéter cette pièce, parut mécontent des acteurs qui y jouoient, & principalement de Mademoiselle Beauval, chargée du rôle de Toinette. Cette actrice, qui n'étoit pas endurante, lui répondit assez brusquement : « Vous nous tourmentez tous, & vous ne dites rien à mon mari ? — J'en ferois bien fâché, répliqua Molière, je lui gâterois son jeu : la nature lui a donné de meilleures leçons que les miennes pour ce rôle. »

Après la mort de Molière, Beauval ainsi que sa femme passèrent, en février 1673, à l'Hôtel de Bourgogne; il fut conservé ainsi qu'elle à la réunion des troupes en 1680, remplaça Hubert dans les rôles travestis de femme à la retraite de cet acteur qui eut lieu en 1685, & se retira lui-même le 8 mars 1704 avec la pension de mille livres. Il mourut le dimanche 29 décembre 1709.

*Perſonnages repréſentés par Beauval
dans les comédies de Molière.*

M. Bobinet . . . *La Comt. d'Eſcarb.* | Thom. Diafoirus *Le Malade imagin.*

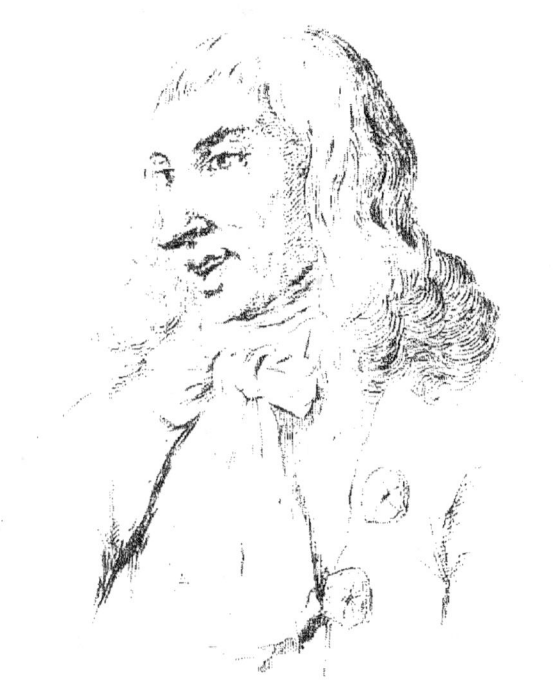

L'Espy

L'ESPY

1659 — 1663

D'après un portrait en pied, à l'aquarelle.

ON manque de documents sur la vie de L'Espy ou L'Epy, frère de Jodelet, qui entra dans la troupe de Molière en 1659. Il n'a pu toutefois être un comédien sans valeur, car Guéret, dans sa *Promenade de St-Cloud*, atteste qu'il faisoit merveille dans le rôle d'Ariste de *l'Ecole des Maris*. L'Espy resta dans la troupe jusqu'en 1663; il est mort avant 1674.

*Perſonnages repréſentés par L'Eſpy
dans les comédies de Molière.*

Gorgibus	*Les Précieuſes rid.*	Damis	*Les Fâcheux.*
Gorgibus	*Sganarelle.*	Chryſalde . . .	*L'Ec. des Femmes.*
Ariſte.	*L'Ec. des Maris.*		

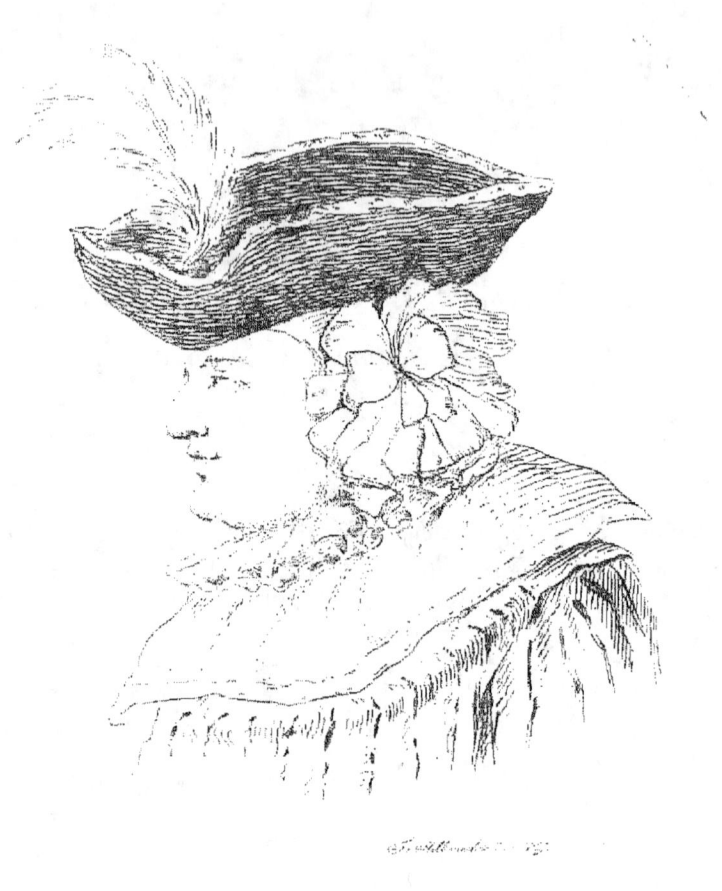

FRANÇOIS LE NOIR 1er père
SIEUR DE LA THORILLIÈRE

FRANCOIS LE NOIR le père
SIEUR DE LA THORILLIERE

1662 — 1673

D'après un portrait à l'aquarelle fur papier.

QUOIQUE gentilhomme & capitaine de cavalerie, Le Noir de La Thorillière (1) fe fentit un goût fi décidé pour l'état de comédien, qu'il demanda à Louis XIV la permiffion d'entrer dans la troupe de Molière. Le Roy, furpris de cette demande, lui donna quelque temps pour réfléchir, & notre capitaine, ayant perfifté dans fon deffein, obtint fon affentiment.

(1) L'éditeur de 1682 écrit fon nom *La Torillière*.

La Thorillière débuta donc au théâtre du Palais-Royal au mois de mai 1662, & nous voyons que, lors des difficultés qu'éprouva la représentation du *Tartuffe* en 1667, il fut chargé par Molière d'aller avec La Grange, son camarade, présenter un placet au Roy dans son camp devant la ville de Lille en Flandre.

Il étoit d'une taille élevée & fort bel homme; il avoit surtout de beaux yeux, mais on lui reprochoit un grave défaut: dans les plus tristes situations, durant l'emportement le plus terrible, il conservoit un visage riant qui s'accordoit mal avec les sentiments qu'il exprimoit de bouche. Dans *l'Impromptu de Versailles*, comédie où Molière semble s'être proposé de faire paroître chacun de ses camarades avec le caractère qui lui étoit propre, La Thorillière se distingue par une certaine dose de fatuité.

Son emploi étoit les personnages de rois & de paysans. Parmi les rôles qu'il joua dans les comédies de Molière, des commentateurs rangent celui d'Hali dans *le Sicilien*, probablement sur la foi d'une indication donnée dans l'édition de 1734, in-4°; mais l'éditeur se contredit lui-même dans les mémoires particuliers qui sont placés à la tête de l'ouvrage, en parlant du talent du Molière dans ce rôle, & nous le restituons à ce dernier, dans les attributions duquel il nous paroît rentrer. Par contre, nous donnons à La Thorillière le rôle de Trissotin dans *les Femmes sçavantes*, que quelques-uns ont donné à De Brie.

Après la mort de Molière, il entra à l'Hôtel de Bourgogne où il joua jufqu'en 1679, & on conjecture qu'il mourut cette même année, attendu que fon nom ne fe trouve ni fur la lifte des acteurs fociétaires réunis en 1680, ni fur l'état des penfionnaires des deux troupes. Il paroît que le chagrin que lui caufa l'enlèvement de fa fille Thérèfe par Dancourt abrégea fes jours.

La Thorillière compofa & fit jouer fur le théâtre du Palais-Royal, le 10 décembre 1667, une tragédie de *Cléopâtre*, qui n'a pas été imprimée.

Il a laiffé trois enfants : Charlotte Le Noir, qui époufa Baron ; Thérèfe, femme de Dancourt, & Pierre, dont il fera queftion dans un autre chapitre.

Personnages représentés par La Thorillière le père dans les comédies de Molière.

La Thorillière.	. *L'Impr. de Verfail.*	Lubin.	. *George Dandin.*
Géronimo. . . .	. *Le Mariage forcé.*	Dorante . . .	. *Le Bourg. gentilh.*
Arbate	. *La Princ. d'Elide.*	Le Roy	. *Pfyché.*
L'Automne . . .	. *Les Pl. de l'Ifl. ench.*	Un Pâtre	. *La C. d'Efc.* (div.).
Philinte.	. *Le Mifanthrope.*	Triffotin	. *Les Femmes fçav.*
Cléante.	. *Le Tartuffe.*	Fleurant	. *Le Malade imagin.*
Jupiter	. *Amphitryon.*		

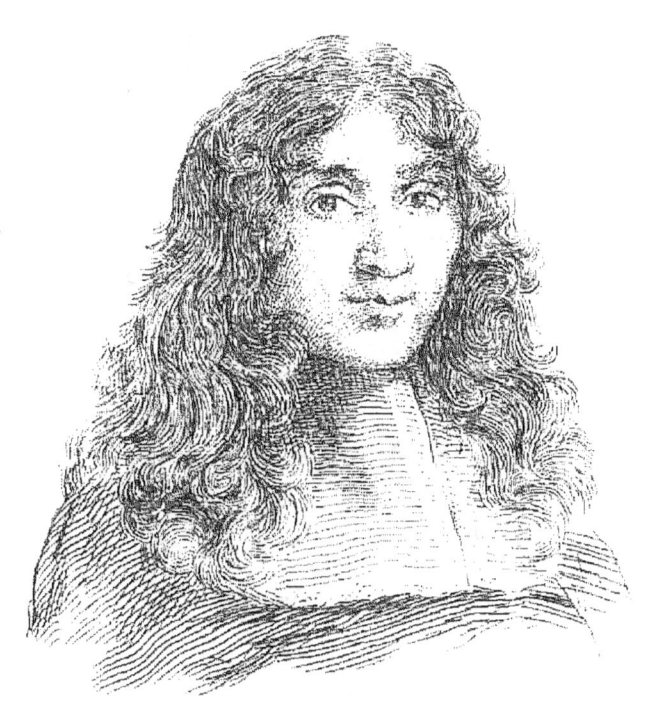

MICHEL BOYRON
dit BARON

MICHEL BOYRON

dit BARON

1664 — 1673

D'après l'eftampe de J. Sauvé, fur le deffin de P. Brifart.

MICHEL BARON, le comédien le plus étonnant qui ait paru fur la fcène françoife, eft né à Paris, en octobre 1653, d'André *Boyron*, appelé par corruption *Baron*, & de Jeanne Aufou, acteurs juftement renommés de l'Hôtel de Bourgogne. Baron a pouffé jufqu'à un âge très-avancé l'exercice de fa profeffion, mais nous n'entrerons dans quelque détail que fur fes premières années, contemporaines de la vie de Molière.

Demeuré orphelin dès son bas âge, il fut mis à Villejuif sous la tutelle d'un oncle & d'une tante qui dissipèrent le bien que sa mère lui avoit laissé, &, lui voyant du goût pour réciter des vers, accueillirent le conseil qui leur fut donné de l'engager dans la troupe de la Raisin, alors fort courue. Cette femme fut ravie de rencontrer un enfant aussi intelligent & fit avec lui contrat d'engagement de cinq années. Le petit Baron parut sur son théâtre avec des applaudissements universels. Toutefois, les affaires de la Raisin se trouvant embarrassées, elle alla trouver Molière dont elle connoissoit l'humeur bienfaisante, & le pria de lui prêter son théâtre pour trois jours seulement, afin que le gain qu'elle espéroit faire lui servît à remettre sa troupe en état. Molière y consentit, & la foule accourant pour voir le jeune acteur en vogue fut telle, que dès le deuxième jour la Raisin fit plus de mille écus de recette.

Molière, qui étoit incommodé, n'avoit encore pu voir le petit Baron; mais il se fit porter au Palais-Royal à la troisième représentation. Les comédiens de l'Hôtel de Bourgogne n'en avoient manqué aucune, & ils n'étoient pas moins charmés du jeune acteur que ne l'étoient le public & les camarades de Molière, surtout Mademoiselle Du Parc qui le prit tout-à-coup en amitié, & qui, bien sérieusement, fit de grands préparatifs pour lui donner à souper ce jour-là. Le petit homme ne savoit auquel entendre, au milieu des caresses qu'on lui faisoit, & promit à Mademoiselle Du Parc qu'il iroit chez elle; mais la partie fut rompue par Molière, qui lui dit de venir souper avec lui. C'étoit le maître, & de plus un oracle quand il parloit, & les comédiens avoient tant de déférence pour lui, que la Du Parc n'eut garde de trouver mauvais que ce jeune homme lui manquât de parole. Ils regardoient tous ce bon accueil comme la fortune de Baron, qui ne fut pas plus tôt arrivé chez Molière, que celui-ci commença par envoyer quérir son tailleur pour le faire habiller (car il étoit en très-mauvais état) & il recommanda que l'habit fût propre, complet & fait dès le lendemain. Molière interrogeoit & observoit continuellement le jeune Baron pendant le souper, & il le fit coucher chez lui pour avoir plus le temps de l'étudier & de voir s'il étoit digne du bien qu'il lui vouloit faire.

Le lendemain matin le tailleur apporta sur les dix heures un équipage tout complet à Baron, qui fut tout étonné & fort aise de se voir si bien ajusté. Le tailleur lui dit qu'il falloit qu'il descendît dans l'appartement de Molière pour le remercier : « C'est bien mon intention, répondit le petit homme ; mais je ne crois pas qu'il soit encore levé. » Le tailleur l'ayant assuré du contraire, il descendit & fit un compliment de reconnoissance à Molière, qui en fut très-satisfait & qui, ne se contentant pas de l'avoir fait si bien accommoder, lui donna encore six louis d'or avec ordre de les dépenser à ses plaisirs.

Tout cela étoit un rêve pour un enfant de douze ans, qui s'étoit trouvé jusqu'alors à la merci de gens qui l'exploitoient avec peu de délicatesse ; aussi, consulté par Molière sur ce que, sincèrement, il souhaitoit le plus : « D'être avec vous le reste de mes jours, lui répondit-il, pour vous marquer ma vive reconnoiffance de toutes les bontés que vous avez pour moi. — Eh bien ! lui dit Molière, c'eft une chofe faite : le Roy vient de m'accorder un ordre pour vous ôter de la troupe où vous êtes. » Il s'étoit levé dès quatre heures du matin, avoit été à St-Germain fupplier Sa Majefté de lui octroyer cette grâce, & l'ordre avoit été expédié fur le champ.

Baron, placé de la forte près de Molière, en 1664, trouva en lui un bienfaiteur qui s'attacha à cultiver fon efprit, fes mœurs & les difpofitions extraordinaires qu'il montroit pour le théâtre ; malheureufement, il n'en fut pas ainfi de Mademoifelle Molière, qui vit d'un mauvais œil ce protégé de fon mari & s'oublia un jour jufqu'à lui donner un foufflet. C'étoit au moment où l'on fe préparoit à jouer *Mélicerte*, paftorale dans laquelle il devoit remplir le rôle de Myrtil : auffitôt que la repréfentation de cette pièce eut été donnée devant le Roy, Baron quitta la troupe & s'engagea en province, où il refta affez longtemps. Toutefois, le regret d'avoir abandonné Molière lui fit chercher le moyen de s'en rapprocher, & celui-ci, qui ne demandoit pas mieux que de voir Baron rentrer fous fon giron, l'accueillit avec empreffement. Il reparut en 1670 dans le rôle d'Antiochus de la *Bérénice* de Corneille, créa celui de l'Amour dans *Pfyché* l'année fuivante, &, malgré fa grande jeuneffe, fuccéda immédiatement à Molière dans le *Mifanthrope*.

Après la mort de fon bienfaiteur & la difperfion de la troupe, Baron paffa à l'Hôtel de Bourgogne. Nous ne l'y fuivrons pas & nous nous bornerons à reproduire l'appréciation faite de son talent par l'auteur de la *Galerie historique du théâtre françois*:

« La nature sembloit s'être épuisée en le formant. Sa taille étoit avantageuse & bien prise ; sa figure avoit ce caractère de beauté mâle qui convient à l'homme ; elle prenoit un air imposant & fier, tendre & passionné selon les différents personnages qu'il avoit à représenter. Sa voix étoit sonore, forte, juste & flexible ; sa prononciation facile, nette & d'une grande précision ; ses tons énergiques & variés. Ses inflexions ajoutoient souvent au sens des vers qu'il récitoit ; on leur trouvoit dans sa bouche des beautés qu'ils perdoient quelquefois à la lecture. Son silence, ses regards, les diverses passions qui se succédoient sur son visage, ses attitudes, ses gestes ménagés avec art complétoient l'effet infaillible de son débit puisé dans les entrailles de la nature. »

Il se retira le 22 octobre 1691, avec la pension de mille livres & une autre de trois mille livres qu'il devoit à la munificence de Louis XIV. La postérité sembloit être née pour lui, lorsqu'au bout de trente années passées dans la retraite il reparut, le 10 avril 1720, par le rôle de Cinna, en présence du duc d'Orléans, régent; &, chose à peine croyable, on vit que cet homme étonnant n'avoit rien perdu des talents qui l'avoient fait admirer de la génération précédente. Il joua successivement les premiers rôles tragiques & comiques, & prit enfin sa retraite définitive le 3 septembre 1729 : elle ne précéda que de peu de semaines sa mort, arrivée le 22 décembre de la même année. Baron cachoit soigneusement son âge, &

on a cru généralement qu'il avoit quelques années de plus que ne le démontre la comparaifon des dates ; toutefois, dans l'incertitude, il eft naturel de s'en rapporter aux actes authentiques, quelque défectueux qu'on les fuppofe.

Baron ne fut pas feulement un grand comédien : il eft connu auffi comme auteur dramatique ; malheureufement on lui contefte la propriété de fes meilleurs ouvrages, & jufqu'ici la queftion de favoir jufqu'à quel point il en pouvoit revendiquer la paternité, eft reftée indécife.

Il a eu de fon mariage avec Charlotte Le Noir de La Thorillière un fils nommé Etienne, qui a fuivi la carrière de fon père.

*Personnages représentés par Baron
dans les comédies de Molière.*

Myrtil.	. . . . . *Mélicerte.*	Un Berger . . .	*La C. d'Esc.* (div.)
L'Amour	. . . . *Psyché.*	Ariste.	*Les Femmes sçav.*
Octave .	. . . . . *Les Fourb. de Scap.*		

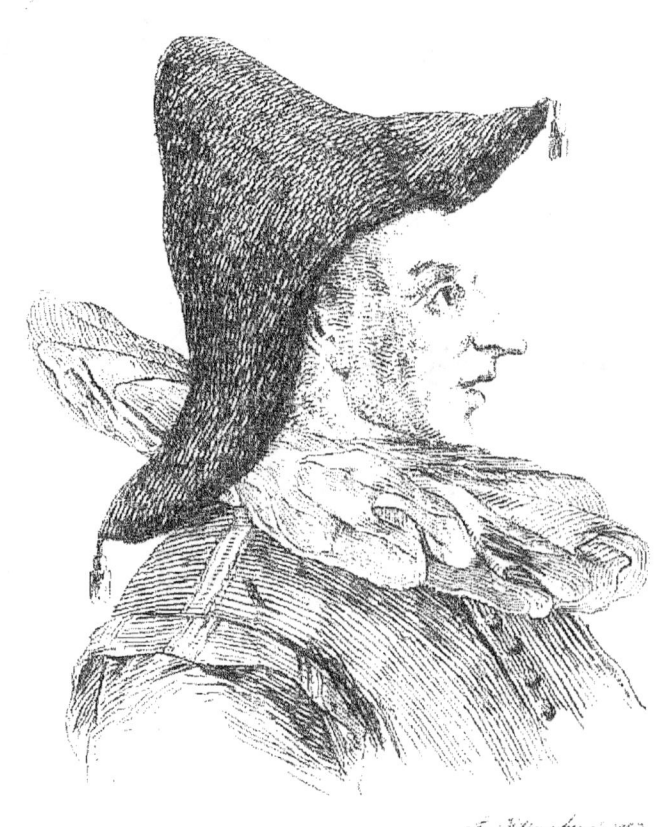

ANDRÉ HUBERT

ANDRE HUBERT

1664? — 1673

D'après un ancien portrait à l'aquarelle.

MOLIERE, qui reconnut à cet acteur d'heureufes difpofitions, s'appliqua à le former lui-même : il lui confia plufieurs rôles appropriés à fes moyens dans les pièces qu'il donnoit au public, & en fit un comédien excellent.

Hubert jouoit les rôles marqués dans la comédie & quelques confidents de tragédie; il réuffiffoit particulièrement dans certains perfonnages de femmes, encore repréfentés par des hommes, tels que ceux de Madame de Sotenville, de Madame Jourdain, &c.; s'il a joué celui de la Comteffe d'Efcarbagnas, comme le dit un commentateur, il faut qu'il y ait fuccédé à Marotte Beaupré, puifque la tradition attribue à celle-ci la création de ce perfonnage.

Au rebours de fes camarades De Brie & Brécourt, ce comédien ne brilloit pas par la vaillance, & nous voyons dans l'hiftoire du temps que, les gentilshommes de la Maifon du Roy, auxquels on avoit refufé l'entrée gratuite à la comédie, ayant envahi le théâtre l'épée à la main, Hubert & fa femme furent des premiers à chercher leur falut dans la fuite; & Grimareft rapporte affez plaifamment que « Hubert, qui avoit pratiqué un trou dans le mur du Palais-Royal, voulut paffer le premier; mais le trou n'étant pas affez ouvert, il ne paffa que la tête & les épaules : jamais le refte ne put fuivre. On avoit beau le tirer de dedans le Palais-Royal, rien n'avançoit, & il crioit comme un forcené par le mal qu'on lui faifoit, & dans la peur qu'il avoit que quelque gendarme ne lui donnât un coup d'épée dans le derrière. Mais, le tumulte s'étant apaifé, il en fut quitte pour la peur; & l'on agrandit le trou pour le retirer de la torture où il étoit. »

Après la diffolution de la troupe de Molière par la mort de fon chef, en 1673, Hubert paffa dans celle de Guénégaud, fut confervé à la réunion & fe retira enfin le 14 avril 1685, par permiffion du Roy du 24 février précédent, avec la penfion de mille livres. Il mourut le vendredi 19 novembre 1700.

*Personnages représentés par Hubert
dans les comédies de Molière.*

Iphitas	. . . . . *La Princ. d'Elide.*		Anaxarque	. . . *Les Amants magn.*
Pierrot	. . . . . *Dom Juan.*		Mme Jourdain	. . *Le Bourg. gentilh.*
Damis	. . . . . *Le Tartuffe.*		Cléomène	. . . *Psyché.*
Me Jacques	. . . *L'Avare.*		Argante	. . . . . *Les Fourb. de Scap.*
Mme de Sotenville	*George Dandin.*		M. Tibaudier	. . *La Comt. d'Escarb.*
Lucette	. . . . . *M. de Pourceaugn.*		Philaminte	. . . *Les Femmes sçav.*

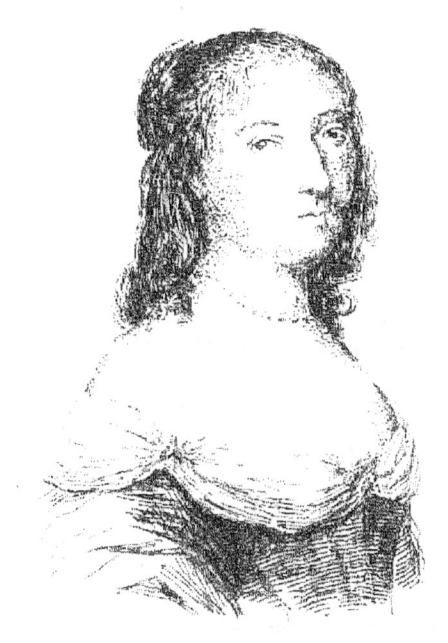

MAROTTE
MADEMOISELLE BEAUPRÉ

MAROTTE

MADEMOISELLE BEAUPRE

1669 — 1672

D'après une miniature ancienne, peinte fur argent.

MADEMOISELLE BEAUPRE joua dans la troupe du Marais jufqu'en 1669, époque à laquelle elle paffa dans celle du Palais-Royal. Elle étoit, dit la chronique du gazetier Robinet, extrêmement jolie, & *pucelle au par-deffus;* nous penfons que cette confidération, plutôt que celle de fon talent, la recommandera à l'admiration de la poftérité, car fon emploi dans la troupe fe bornoit aux troifièmes rôles dans la tragédie & à quelques caractères dans la comédie. Une tradition qui n'a pas encore rencontré de contradicteur, lui attribue la création du rôle de la Comteffe d'Efcarbagnas, qui rentre cependant plus naturellement dans l'emploi de fon camarade Hubert. Les écrivains du théâtre ont également mis fur le compte de Marotte Beaupré un duel féminin avec la demoifelle Des Urlis ; mais la publication récente des hiftoriettes de Tallemant des Réaux reftitue cette fingularité à une autre Beaupré, tante de Marotte & qui, une des premières, joua en femme fur le théâtre. Voici en quels termes Tallemant rend compte de l'événement : « Il arriva une affez plaifante chofe à la Beaupré, vieille & laide. Sur le théâtre, elle & une jeune comédienne fe dirent leurs vérités. — Eh bien ! dit la Beaupré, je vois bien, Mademoifelle, que vous voulez me voir l'épée à la main. — Et en difant cela, c'étoit à la farce, elle va quérir deux épées point épointées. La fille en prit une, croyant badiner. La Beaupré, en colère, la bleffa au cou & l'eût tuée fi on n'y eût couru. Cette Beaupré quitta le théâtre il y a fix ans, & préfentement elle joue en Hollande. »

Avant de quitter la tante de Marotte, rappelons ce qu'elle difoit naïvement & que nous rapporte Segrais : « M. Corneille nous fait un grand tort. Nous avions ci-devant des pièces de théâtre pour trois écus, que l'on nous faifoit en une nuit : on y étoit accoutumé & nous y gagnions beaucoup ; préfentement, les pièces de Corneille nous coûtent bien de l'argent & nous gagnons peu de chofe. »

Nous fommes bien loin de ces temps héroïques.

Marotte Beaupré fe retira en 1672, & on ignore en quelle année elle mourut. On veut qu'elle ait fini par époufer Verneuil, comédien du Marais & frère de La Grange ; mais le fait n'eft pas avéré.

Personnages représentés par Mademoiselle Beaupré dans les comédies de Molière.

Aglaure. . . . . *Psyché.* | La Comtesse . . *La Comt. d'Escarb.*

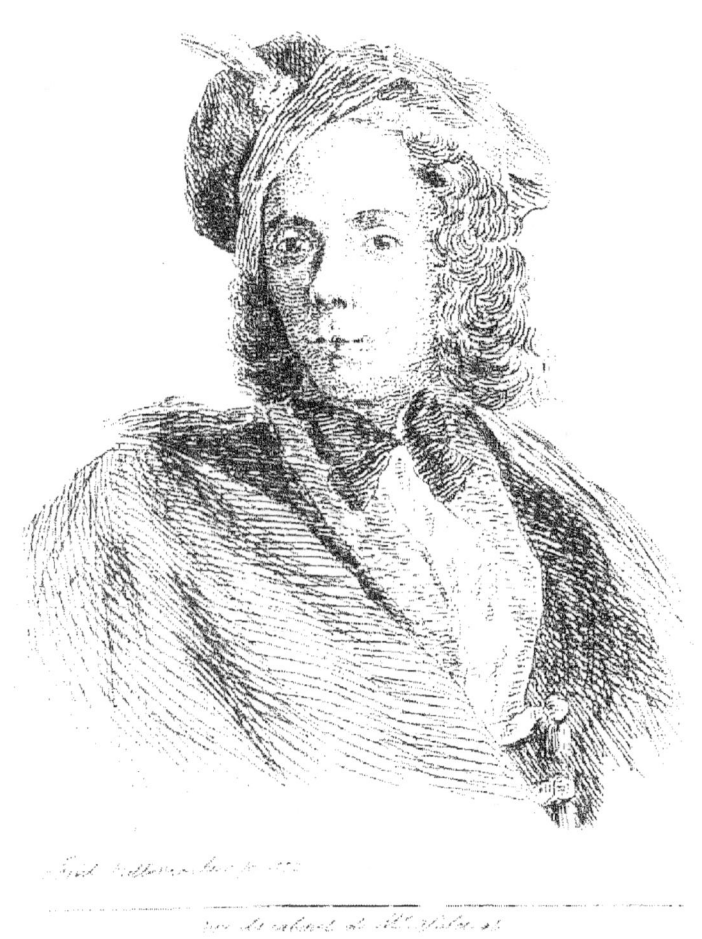

PIERRE LE NOIR le fils
SIEUR DE LA THORILLIÈRE

PIERRE LE NOIR le fils

SIEUR DE LA THORILLIERE

1671

D'après un portrait à l'huile, peint par Gillot.

FILS d'un comédien juſtement eſtimé de Molière, Pierre Le Noir a dû puiſer à cette école le germe des talents qui firent plus tard de ſa carrière théâtrale une longue ſuite de ſuccès; il touche à la période dont nous nous occupons par ſon apparition, en 1671, dans la tragédie héroïque de *Pſyché*, où il remplit le rôle d'un Amour, le petit Baron jouant en première ligne un perſonnage analogue dans la même pièce. La Thorillière avoit alors quinze ans; il étoit né en 1656.

Depuis 1671 jufqu'en 1684, on ignore ce qu'il fit; mais on peut préfumer qu'il joua fur les théâtres de province pour fe rendre digne de celui de la capitale, où il débuta au commencement de 1684; il fut reçu le 14 juin de la même année.

Jufqu'à la mort de Raifin le cadet, arrivée en 1693, La Thorillière fils joua les feconds rôles de la tragédie & les amoureux comiques, qui ne convenoient point à la nature de fon talent; lorfque la Comédie eut perdu ce grand acteur, dont Molière avoit également reconnu les heureufes difpofitions, il hérita de la plus grande partie de fon emploi & fe montra digne de lui fuccéder.

D'une taille médiocre mais bien prife, La Thorillière avoit le vifage ouvert & gracieux, de beaux yeux, le regard agréable, vif & expreffif, la voix pleine & fonore. Son jeu étoit rempli d'action & animé d'un aimable badinage; un mouvement, un fourire, un léger clin d'œil, tout parloit en lui; il favoit animer tout fans s'écarter de l'efprit de fon perfonnage. Dans fa jeuneffe il avoit eu du penchant à la charge, mais il fe corrigea bientôt de ce défaut, qui a gâté de très-bons acteurs. Enfin, pendant une longue fuite d'années, il n'eut pas d'égal dans les rôles de haute livrée.

Ajoutons qu'il danfoit avec beaucoup de grâce & chantoit fort agréablement : bon convive, il pouffoit même quelquefois trop loin fon amour des plaifirs de la table.

Pierre La Thorillière, qui avoit époufé Catherine Biancolelli, fille du fameux Dominique, Arlequin de la

Comédie italienne, jouissoit depuis dix ans d'une pension de douze cents livres accordée par le Roy en récompense de ses brillants services, lorsqu'il mourut à Paris le mardi 18 septembre 1731, dans la soixante-quinzième année de son âge. Il étoit le doyen de la Comédie.

Perſonnage repréſenté par La Thorillière le fils dans les comédies de Molière.

Un petit Amour . . . *Pſyché*.

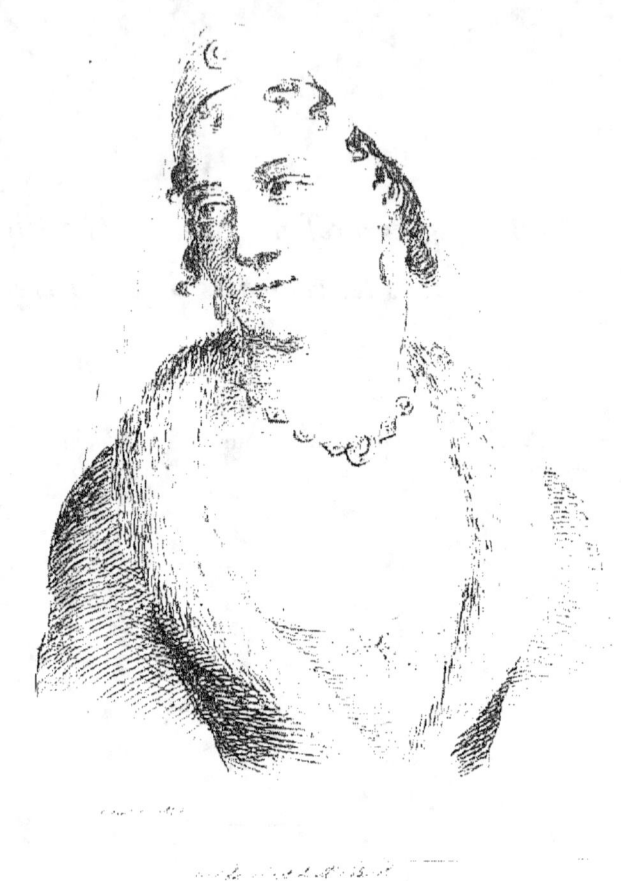

MARIE ANGÉLIQUE GASSAUD DU CROISY
MADEMOISELLE POISSON

MARIE-ANGELIQUE GASSAUD DU CROISY

MADEMOISELLE POISSON

1671 — 1673

D'après un portrait en pied, à l'aquarelle, fur vélin.

ANGELIQUE GASSAUD, fille du comédien Du Croify, née en 1658, joua dès 1671 le rôle d'une des Grâces dans le ballet de *Pfyché*. Elle fut admife au théâtre Guénégaud le 3 mai 1673, après la mort de Molière, & figura fur la lifte à demi-part.

A la fuite de la fufion générale de la troupe, Angélique époufa Paul Poiffon, comédien très-diftingué. Elle jouoit les confidentes de tragédie, & il ne paroît pas qu'elle fe foit élevée fort au-deffus de cet emploi, qui ne donne pas une haute idée de son talent. On sait que, s'étant présentée pour remplacer Mademoiselle De Brie dans le rôle d'Agnès, de *l'Ecole des Femmes*, que celle-ci jouoit encore à soixante ans passés, le public demanda avec obstination son actrice favorite & la fit reparoître, bien que Mademoiselle Poisson eût pour elle une *taille fort mignonne*, de l'*esprit*, la *bouche belle* & beaucoup d'*enjouement*, comme en témoigne certain quatrain qui courut à cette époque, & que sa pointe un peu trop acérée nous dispense de reproduire ici.

Mademoiselle Poisson, ayant pris sa retraite avec la pension de mille livres, le 19 avril 1694, mourut à Saint-Germain-en-Laye le 14 décembre 1756, à l'âge de quatre-vingt-dix-huit ans; elle étoit veuve depuis 1735.

Les particularités qui se rattachent à notre immortel Molière sont tellement précieuses, qu'on sait gré à Mademoiselle Poisson de nous avoir transmis, par quelques lignes, le souvenir qu'elle avoit conservé de sa personne après un long espace de temps: nous les avons rapportées dans le chapitre que nous avons consacré à Molière.

*Perſonnage repréſenté par Mademoiſelle Poiſſon
dans les comédies de Molière.*

Phaène . . . . . *Pſyché.*

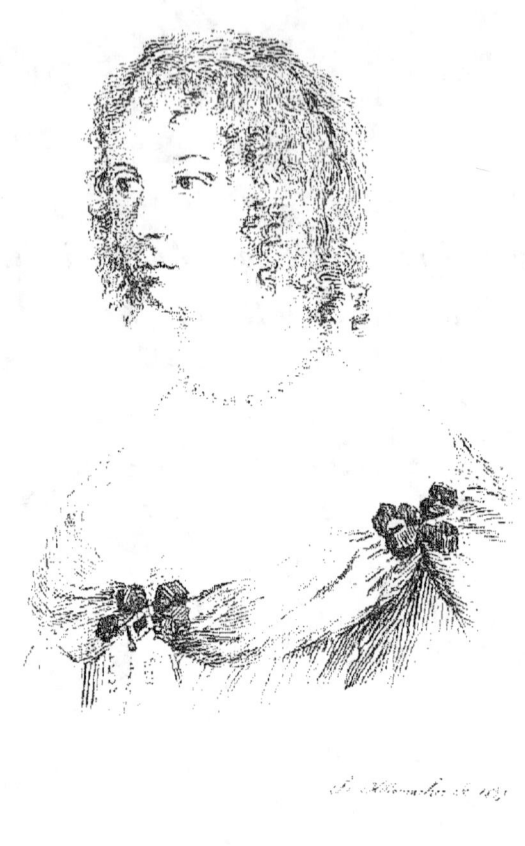

Thérèse Le Noir de La Thorillière
Mademoiselle Dancourt

THERESE LE NOIR DE LA THORILLIERE

MADEMOISELLE DANCOURT

1671 — 1673

D'après un croquis au crayon noir.

THERESE LE NOIR DE LA THORILLIERE, fille & sœur de comédiens renommés, est née vers 1660; d'autres traditions veulent que ce soit en 1665, mais on admettra difficilement cette dernière date, puisqu'il est constant qu'elle joua d'original le rôle de l'une des Grâces dans le ballet de *Psyché*, en 1671; or, il falloit qu'elle fût au moins sortie de la première enfance.

Nous retrouvons Thérèse Le Noir à la rentrée de Pâques 1685 : elle avoit épousé alors Carton Dancourt, qui, séduit par ses talents & sa beauté, & craignant que sa famille & celle de Thérèse ne s'opposassent à leur union, avoit tranché la difficulté par un éclat, en enlevant sa maîtresse. Il fit plus encore : il se hasarda sur la scène en 1685, & les applaudissements du public l'y fixèrent pendant trente-trois ans.

Mademoiselle Dancourt joua avec un grand succès les rôles d'amoureuses, jusqu'au dernier moment où elle occupa la scène, &, lorsque ses deux filles parurent au théâtre, leur beauté n'effaça point la sienne. Elle se retira à la clôture de 1720, avec la pension de mille livres, & mourut le vendredi 11 mai 1725, à l'âge de soixante-cinq ans.

Perſonnage repréſenté par Mademoiſelle Dancourt dans les comédies de Molière.

Ægiale . . . . Pſyché.

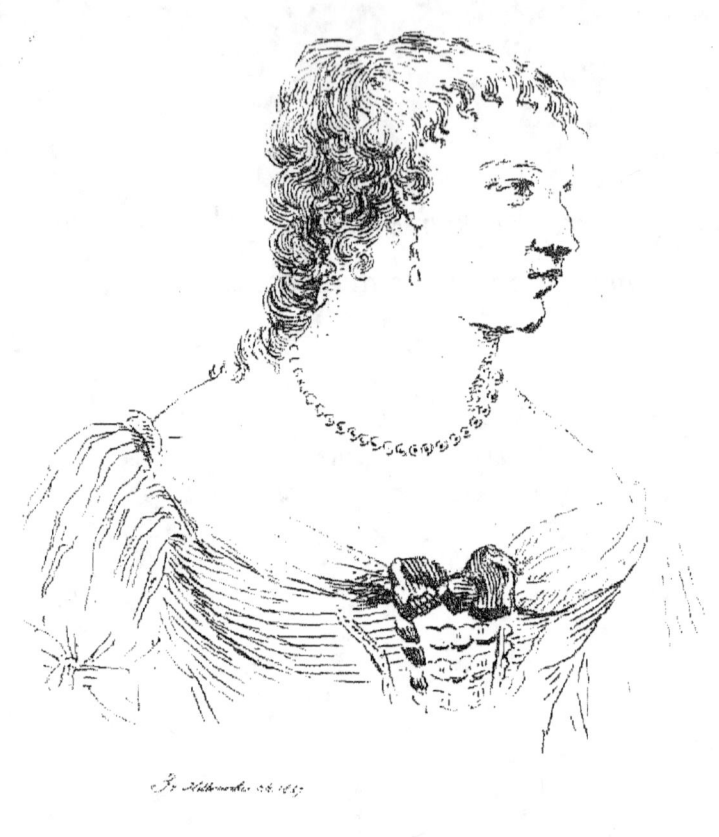

LOUISE PITEL DE BEAUVAL
MADEMOISELLE BEAUBOURG

LOUISE PITEL DE BEAUVAL

MADEMOISELLE BEAUBOURG

1673

D'après un croquis à l'encre, rehaussé au bistre.

LOUISE PITEL, fille de Beauval & de Jeanne-Olivier Bourguignon, née à Paris, en 1665, fut distinguée par Molière, qui lui fit jouer, à l'âge de huit ans, le rôle de la petite Louison dans son *Malade imaginaire*, où il lui conserva le nom qu'il lui donnoit sans doute familièrement.

Elle reparut beaucoup plus tard, vers la fin de 1684, mais ne tint pas ce que ses premiers essais avoient fait entrevoir, & elle traîna péniblement une carrière théâtrale de trente-quatre années dans les emplois subalternes de confidentes tragiques. Sa mère & fon mari l'aidèrent en vain de leur expérience : un extérieur difgracieux ajoutoit encore aux obftacles que le défaut de vocation oppofoit à fon fuccès.

Veuve en premières noces de Jacques Bertrand & en fecondes noces de François Des Hayes, Louife Pitel avoit époufé le comédien Beaubourg & fe retira du théâtre en même temps que fon mari, le 3 avril 1718, avec la penfion ordinaire de mille livres.

Mademoifelle Beaubourg mourut au mois de juin 1740, à l'âge de foixante-quinze ans.

*Personnage représenté par Mademoiselle Beaubourg
dans les comédies de Molière.*

Louison . . . . . *Le Malade imaginaire.*

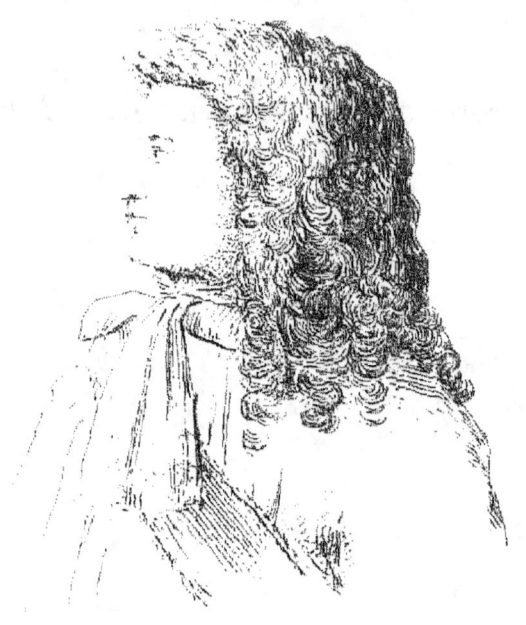

GAUDON

GAUDON

1671

D'après l'eſtampe de J. Sauvé, ſur le deſſin de P. Briſart.

Ce jeune acteur a joué d'origine le rôle du petit Comte dans la comédie de *la Comteſſe d'Eſ-carbagnas*. L'auteur des *Recherches ſur les théâtres de France* (tome III, p. 367) croit qu'il n'a jamais monté ſur le théâtre qu'à cette occaſion.

Personnage représenté par Gaudon dans les comédies de Molière.

Le Comte . . . . . La Comtesse d'Escarbagnas.

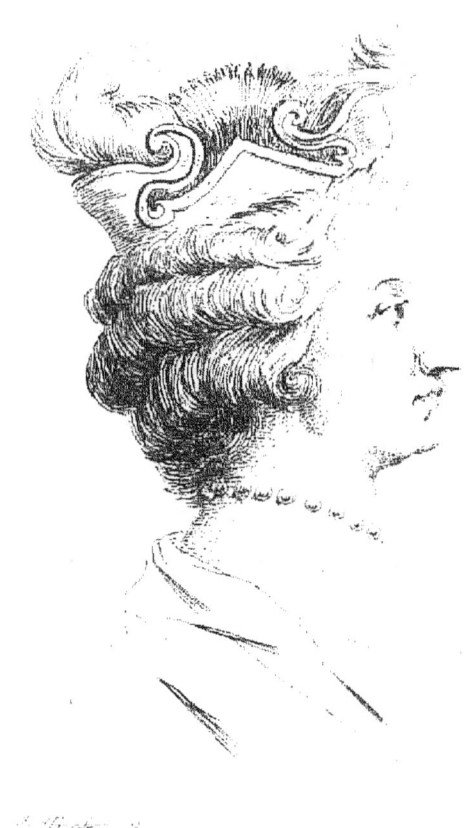

MADEMOISELLE BARILLONET

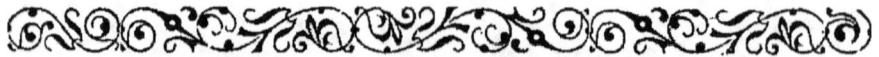

MADEMOISELLE BARILLONET

D'après un ancien portrait à l'aquarelle fur papier.

L'HISTOIRE du théâtre ne fournit aucune donnée fur cette actrice, dont le portrait n'a été reproduit ici que parce qu'il figure dans une ancienne collection où elle eft mentionnée comme faifant partie de la troupe de Molière. Elle a pu, effectivement, jouer dans quelqu'une de fes comédies, où certains rôles, même affez importants, font reftés fans l'indication de ceux qui les ont créés dans l'origine. D'ailleurs, on remarque qu'un jeune acteur du même nom, peut-être fon fils, a repréfenté le perfonnage d'un Amour dans le ballet de *Pfyché*.

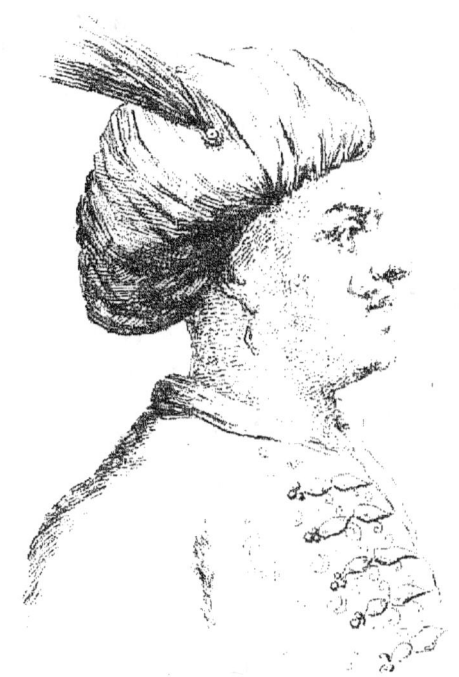

GIAM-BATTISTA LULLI
dit CHIACCHIERONE

GIAM-BATTISTA LULLI

dit CHIACCHIARONE

1664 — 1673

La tête d'après le buste gravé par A. de St-Aubin.

Le personnage indiqué sous le pseudonyme de *Chiacchiarone* ou plutôt *Chiacchierone*, qui signifie en italien *hâbleur, diseur de balivernes*, n'est autre que le célèbre musicien Jean-Baptiste Lulli, né à Florence en 1633. Son nom se rattache à l'histoire de la troupe de Molière, en ce que celui-ci eut recours à lui pour les divertissements de chant & de danse intercalés dans plusieurs de ses comédies, telles que *la Princesse d'Elide, l'Amour médecin, la Pastorale comique, le Sicilien, les Fêtes de Versailles, M. de Pourceaugnac, les*

Amants magnifiques, le Bourgeois gentilhomme, Pfyché & *le Malade imaginaire.* Bien que la tradition ne nous révèle pas toujours fon concours perfonnel dans la repréfentation de ces pièces, il eft vraifemblable que Lulli figuroit dans toutes, pour être plus à portée de diriger les fymphoniftes & les danfeurs. Il étoit d'ailleurs effentiellement bouffon & excellent pantomime : on raconte à ce fujet qu'ayant eu le malheur de déplaire au Roy, il effaya de rentrer dans fes bonnes grâces en jouant un beau jour devant lui le rôle grotefque de Pourceaugnac. Cette idée lui réuffit ; arrivé à la fin de la pièce, & après avoir longtemps couru fur le théâtre pour éviter les apothicaires qui le ferroient de près, il ne trouva pas d'autre moyen de leur échapper que de fauter au milieu du clavecin qui étoit dans l'orcheftre. Il s'y enfonça jufqu'au cou, de forte qu'on ne voyoit plus que fa tête au milieu des débris. La gravité du Roy ne put tenir contre cette folie, & Lulli fut pardonné en faveur de la nouveauté. (Cizeron-Rival, *Récréations littéraires*, p. 65.)

Lulli obtint le privilége de l'Académie royale de mufique, qu'il exploita, après la mort de Molière, dans la falle du Palais-Royal ; les autres particularités qui le concernent appartiennent à l'hiftoire de l'art mufical. Sénecé, dans une lettre qu'il fuppofe écrite des Champs-Elyfées par Clément Marot, peu de temps après la mort de Lulli, arrivée le 22 mars 1687, a tracé de cet homme célèbre un portrait que nous reproduifons ici : « Sur une efpèce de brancard compofé de plufieurs branches de laurier parut, porté par douze fatyres, un petit homme d'aſſez mauvaiſe mine & d'un extérieur fort négligé. De petits yeux bordés de rouge, qu'on voyoit à peine & qui avoient peine à voir, brilloient en lui d'un feu ſombre qui marquoit tout enſemble beaucoup d'eſprit & beaucoup de malignité. Un caractère de plaiſanterie étoit répandu ſur ſon viſage ; enfin, ſa figure entière reſpiroit la bizarrerie ; & quand nous n'aurions pas été inſtruits de ce qu'il étoit, ſur la foi de ſa phyſionomie nous l'aurions pris ſans peine pour un muſicien. »

*Perſonnages repréſentés par Lulli
dans les comédies de Molière.*

1ᵉʳ Egyptien grot.	*Le Mariage forcé.*	Un Médec. grot.	*M. de Pourceaugn.*
1ᵉʳ Egyptien danſ.	*La Paſt. comique.*	Le Mufti	*Le Bourg. gentilh.*
M. de Pourceaugn.	*M. de Pourceaugn.*		

MARTINE

1672

Une tradition, puifée dans le *Mercure de France*, veut que cette femme, qui étoit fervante de Molière, ait joué d'original, & fous fon propre nom, le rôle de

Martine. . . . . *Des Femmes fçavantes.*

CYPRIEN RAGUENEAU
SIEUR DE L'ESTANG

1650? — 1654

Ce comédien, originairement pâtiffier dans la rue St-Honoré, à Paris, faifoit partie de la troupe de Molière lorfqu'elle donnoit des repréfentations à Lyon, en 1653. Il mourut dans cette ville le 18 août 1654. La fille de Ragueneau époufa La Grange.

LE SIEUR CROISAC

1658? — 1659

Gagifte à deux livres par jour, lequel quitta la troupe en 1659.

LE SIEUR CHATEAUNEUF

1666? — 1673

D'abord attaché à la troupe de Molière, il paffa enfuite à celle de Guénégaud, & l'on croit qu'il étoit portier de l'Hôtel. Sa femme étoit cette Châteauneuf, confidente & confeil de Mademoifelle Molière.

PERSONNAGES REPRESENTES PAR LUI :

Un Pâtre. . . . . La Paſtorale comique.
Argatiphontidas . . . . Amphitryon.
Lycas . . . . Pſyché.

LE SIEUR PREVOT

1664

Lycas . . . . . La Princeſſe d'Elide.

LE PETIT BARILLONET

1671

Un petit Amour . . . . . Pſyché.

MADEMOISELLE BONNEAU

1671

Andrée . . . . . La Comteſſe d'Eſcarbagnas.

LE SIEUR BOULONNOIS

1671

Jeannot . . . . . La Comteſſe d'Eſcarbagnas.

LE SIEUR FINET

1671

Criquet . . . . . La Comteſſe d'Eſcarbagnas.

ACTEURS

QUI ONT CHANTÉ, DANSE OU FIGURÉ

DANS LES DIVERTISSEMENTS DES COMEDIES

DE MOLIERE

La lettre C signifie *chantant;* la lettre D, *dansant.*

MADEMOISELLE HILAIRE

La Beauté	*Mariage forcé*	La Prêtresse	*Am. magnif.*
L'Aurore	} *Pl. de l'Isl. enc.*	Une Musicienne . .	} *Bourg. gent.*
1ʳᵉ Bergère C . . .		Une Italienne. . . .	
Climène	*G. Dandin.*	Flore.	} *Psyché.*
Une Musicienne . .	} *Pourceaugnac*	Une Fem. désolée C	
Une Egyptienne C .		1ʳᵉ Muse C	
Caliste	*Am. magnif.*		

LE SIEUR ESTIVAL

Un Magicien	*Mariage forcé*	1ᵉʳ Avocat c	} *Pourceaugnac*
1ᵉʳ Valet de chiens .	}	1ᵉʳ Scaramouche . .	
Un Satyre c	} *Pl. de l'Iſl. enc.*	Eole	} *Am. magnif.*
2ᵉ Berger c		1ᵉʳ Satyre	
Philène	*Paſtor. comiq.*	1ᵉʳ Turc aſ. du Mufti	} *Bourg. gent.*
Satyre c	*G. Dandin.*	1ᵉʳ Spectateur c . .	
1ᵉʳ Muſicien	*Pourceaugnac*	Mars	*Pſyché.*

LE SIEUR BEAUCHAMP

3ᵉ Plaiſant	}	1ᵉʳ Biſcayen D	*Pourceaugnac*
Magicien	} *Mariage forcé*	4ᵉ Dieu marin . . .	}
3ᵉ Galant	}	1ᵉʳ Pantomime D . .	} *Am. magnif.*
2ᵉ Maure	}	1ᵉʳ Faune D	}
Roger	} *Pl. de l'Iſl. enc.*	4ᵉ Suiv. d'Apollon D	}
2ᵉ Egyptien D . . .	*Paſtor. comiq.*	1ᵉʳ Turc aſ. du Mufti D	}
3ᵉ Maure nud	*Sicilien.*	7ᵉ Eſpagnol D . . .	} *Bourg. gent.*
1ᵉʳ Berger en Valet D	}	1ᵉʳ Scaramouche D .	
1ᵉʳ Batelier D	} *G. Dandin.*	1ᵉʳ Dieu des Fleuves D	}
1ᵉʳ Suiv. de Bacchus	}	1ᵉʳ Cyclope D . . .	}
1ᵉʳ Page D	}	1ʳᵉ Furie D	} *Pſyché.*
1ᵉʳ Mataſſin D . . .	} *Pourceaugnac*	1ᵉʳ Art en Berger D .	}
1ᵉʳ Procureur D . .	}	1ᵉʳ Guerrier à drap.	}

LE SIEUR CHICANNEAU

2ᵉ Valet de chiens D	}	1ᵉʳ Démon D	} *Paſtor. comiq.*
2ᵉ Chaſſeur D . . .	} *Pl. de l'Iſl. enc.*	3ᵉ Egyptien D	
1ᵉʳ Berger D	}	2ᵉ Eſclave turc D . .	} *Sicilien.*
1ᵉʳ Monſtre D	}	5ᵉ Maure nud . . .	

131

3° Batelier D	⎫	2° H. arm. à la gr. D	*Am. magnif.*
1ᵉʳ Berger	⎬ *G. Dandin.*	6° Turc af du Mufti D ⎫	
3° Suiv. de Bacchus D	⎭	8° Espagnol D ... ⎬	*Bourg. gent.*
2° Page D	⎫	1ᵉʳ Sylvain D	
5° Mataffin D	⎬	2° Cyclope D. ...	
2° Procureur D ...	⎬ *Pourceaugnac*	3° Furie D ..... ⎬	*Pfyché.*
4° Bifcayen D. ...	⎭	2° Art en Berger D .	
2° Pêch. de corail D.	*Am. magnif.*	2° Guerrier à pique D	

LE SIEUR GAYE

3° Magicien C. ...	*Paftor. comiq.*	1ᵉʳ Sacrificateur C. .	*Am. magnif.*
Tircis .... ⎫	⎬ *Sicilien.*	2° Muficien.	
Efclave Turc C ... ⎭		1ᵉʳ Gafcon ..... ⎫	
Philène.	*G. Dandin.*	Un Italien C .... ⎬	*Bourg. gent.*
2° Médecin grotefque ⎫		11° Turc af. du Muf. C ⎭	
2° Avocat C .... ⎬	*Pourceaugnac*	Palémon ...... ⎬	*Pfyché.*
Un Egyptien C ... ⎭		Bacchus ...... ⎭	
Tircis	*Am. magnif.*		

LE SIEUR LA PIERRE

4° Egyptienne ... ⎫	⎬ *Mariage forcé*	2° Mataffin D .... ⎫	*Pourceaugnac*
5° Muficien grotefq. ⎭		1ᵉʳ Sergent D. ... ⎭	
6° Valet de chiens D. ⎫		6° Dieu marin ...	*Am. magnif.*
7° Chaffeur D ... ⎬	*Pl. de l'Ifl. enc.*	1ᵉʳ Danfeur .... ⎫	
4° Berger D. .... ⎬		3° Turc af. du Mufti D ⎬	
6° Monftre ..... ⎭		2° Importun D. ..	*Bourg. gent.*
1ᵉʳ Magicien D ... ⎫	⎬ *Paftor. comiq.*	1ᵉʳ Poitevin D. ... ⎭	
4° Payfan ..... ⎭		2° Sylvain D .... ⎫	
6° Maure nud. ...	*Sicilien.*	4° Cyclope D. ... ⎬	*Pfyché.*
3° Berger en Valet D ⎫	⎬ *G. Dandin.*	3° Art en Berger D . ⎬	
3° Berger D. .... ⎭		3° Guerrier à drap. ⎭	
1ᵉʳ Maître à danfer.	*Pourceaugnac*		

LE SIEUR NOBLET l'aîné

3ᵉ Egyptienne . . . *Mariage forcé*
3ᵉ Valet de chiens D ⎫
4ᵉ Chaſſeur D . . . ⎪
3ᵉ Berger D . . . . ⎬ *Pl. de l'Iſl. enc.*
2ᵉ Monſtre . . . . ⎭
Egyptienne D & C . . *Paſtor. comiq.*
3ᵉ Pâtre C . . . . ⎫
4ᵉ Maure nud . . . ⎬ *Sicilien.*
5ᵉ Batelier D . . . ⎫
3ᵉ Bergère D . . . ⎬ *G. Dandin.*
1ᵉʳ Cur. de ſpect. D. *Pourceaugnac*

4ᵉ Mataſſin D . . . ⎫
2ᵉ Sauvage D . . . ⎬ *Pourceaugnac*
3ᵉ Fleuve C . . . . ⎫
2ᵉ Dryade D . . . . ⎬ *Am. magnif.*
1ᵉʳ H. arm. à la gr. D ⎭
9ᵉ Spectateur C . . . ⎫
1ᵉʳ Poitevin C & D . ⎬ *Bourg. gent.*
3ᵉ Dervis C . . . . . ⎭
1ʳᵉ Fée D . . . . . . ⎫
6ᵉ Art en berger D . ⎬ *Pſyché.*
1ᵉʳ Guerrier à pique ⎭

LE SIEUR FAVIER l'aîné

2ᵉ Magicien D . . . ⎫
5ᵉ Egyptien D . . . ⎬ *Paſtor. comiq.*
7ᵉ Maure nud . . . *Sicilien.*
4ᵉ Berger en Valet D ⎫
4ᵉ Batelier D . . . . ⎬ *G. Dandin.*
4ᵉ Berger D . . . . ⎭
2ᵉ Maître à danſer . ⎫
3ᵉ Mataſſin D . . . ⎪
2ᵉ Sergent D . . . . ⎬ *Pourceaugnac*
2ᵉ Biſcayen D . . . ⎭
5ᵉ Dieu marin D . . *Am. magnif.*

3ᵉ Pantomime D . . ⎫
5ᵉ Faune D . . . . . ⎬ *Am. magnif.*
6ᵉ Suivant d'Apollon ⎭
4ᵉ Turc aſ. du Mufti D ⎫
3ᵉ Importun D . . . ⎬ *Bourg. gent.*
2ᵉ Poitevin D . . . . ⎭
3ᵉ Sylvain D . . . . ⎫
5ᵉ Cyclope D . . . . ⎪
10ᵉ Furie D . . . . . ⎬ *Pſyché.*
4ᵉ Art en Berger D . ⎪
4ᵉ Guerrier à drap . ⎭

LE SIEUR MAGNY

6ᵉ Chaſſeur D . . . . ⎫
2ᵉ Bergère D . . . . ⎬ *Pl. de l'Iſl. enc.*
2ᵉ Démon agile . . . ⎭

4ᵉ Pêch. de corail D ⎫
3ᵉ Dryade D . . . . ⎬ *Am. magnif.*
3ᵉ Faune D . . . . . ⎭

4ᵉ Statue D.	⎫	4ᵉ Sylvain D	⎫
4ᵉ Pantomime D . .	⎬ *Am. magnif.*	2ᵉ Fée D	
4ᵉ Ministre du sacr. D	⎭	6ᵉ Furie D	⎬ *Psyché.*
3ᵉ Danseur.	⎫	5ᵉ Art en Berger D .	
5ᵉ Garçon tailleur D.	⎬ *Bourg. gent.*	3ᵉ Guerrier à pique.	⎭
1ᵉʳ Trivelin D. . . .	⎭		

LE SIEUR SAINT-ANDRE

1ᵉʳ Chagrin	*Mariage forcé*	3ᵉ Pantomime D . .	⎫ *Am. magnif.*
1ᵉʳ Démon agile . .	*Pl. de l'Isl. enc.*	3ᵉ Ministre du sacr. D	⎭
7ᵉ Egyptien D. . . .	*Pastor. comiq.*	2ᵉ Danseur.	⎫
2ᵉ Berger en Valet D	⎫ *G. Dandin.*	6ᵉ Garçon tailleur D	⎬ *Bourg. gent.*
2ᵉ Berger D.	⎭	1ᵉʳ Importun D . . .	⎭
2ᵉ Pantomime D . .	⎫	3ᵉ Poitevin D	
2ᵉ Faune D	⎬ *Am. magnif.*	3ᵉ Homme affligé D	⎫ *Psyché.*
3ᵉ Statue D.	⎭	5ᵉ Egipan D	⎭

LE SIEUR MAYEU

5ᵉ Démon D	*Pastor. comiq.*	3ᵉ H. armé à la gr. D	*Am. magnif.*
3ᵉ Esclave turc D . .	*Sicilien.*	5ᵉ Turc af. du Mufti D	⎫ *Bourg. gent.*
6ᵉ Batelier D	⎫ *G. Dandin.*	2ᵉ Scaramouche D .	⎭
4ᵉ Suiv. de Bacchus D	⎭	2ᵉ Dieu des fleuves D	⎫
4ᵉ Curieux de spect.	⎫ *Pourceaugnac*	3ᵉ Cyclope D	⎬ *Psyché.*
3ᵉ Biscayen D. . . .	⎭	4ᵉ Furie D	
6ᵉ Pêch. de corail D	⎫ *Am. magnif.*	2ᵉ Guerrier à drap.	⎭
6ᵉ Faune D	⎭		

LE SIEUR DOLIVET le père

La Jalousie.	⎫ *Mariage forcé*	1ᵉʳ Paysan	*Pastor. comiq.*
Un Maître à danser.	⎭	2ᵉ Suiv. de Bacchus D	*G. Dandin.*

1ʳᵉ Statue D . . . . . ⎫
1ᵉʳ Pantomime D . . ⎬ Am. magnif.
1ᵉʳ Miniſtre du ſacr. D ⎭
1ᵉʳ Garçon tailleur D ⎫
2ᵉ Turc aſ. du Mufti D ⎬ Bourg. gent.

Un Don. de livres D ⎫
1ᵉʳ Eſpagnol D . . . ⎬ Bourg. gent.
1ᵉʳ Homme affligé D ⎭
1ᵉʳ Egipan D . . . . Pſyché.

LE SIEUR LESTANG l'aîné

3ᵉ Curieux de ſpect. ⎫
6ᵉ Mataffin D . . . . ⎬ Pourceaugnac
4ᵉ Sauvage D . . . . ⎭
8ᵉ Pêch. de corail D ⎫
3ᵉ Dryade D . . . . ⎬ Am. magnif.
5ᵉ Statue D . . . . . ⎪
2ᵉ F. arm. à la gr. D ⎭

4ᵉ Eſpagnol D . . . . Bourg. gent.
1ʳᵉ Naïade D . . . . ⎫
4ᵉ Fée D . . . . . . ⎪
9ᵉ Furie D . . . . . ⎬ Pſyché.
8ᵉ Art en Berger D . ⎪
4ᵉ Guerrier à pique. ⎭

LE SIEUR BONNARD

4ᵉ Muficien grotefq. Mariage forcé
5ᵉ Valet de chiens D ⎫
5ᵉ Chaſſeur D . . . . ⎬ Pl. de l'Iſl. enc.
4ᵉ Bergère D . . . . ⎭
2ᵉ Démon D . . . . ⎫
6ᵉ Egyptien D . . . . ⎬ Paſtor. comiq.
5ᵉ Maure à capot. . Sicilien.

1ʳᵉ Bergère D . . . . G. Dandin.
3ᵉ Garçon tailleur D ⎫
3ᵉ Eſpagnol D . . . . ⎬ Bourg. gent.
2ᵉ Dryade D . . . . ⎫
1ʳᵉ Femme déſolée D ⎬ Pſyché.
2ᵉ Mataffin D . . . . ⎭

LE SIEUR BLONDEL

4ᵉ Berger C . . . . . ⎫
3ᵉ Valet de chiens C ⎬ Pl. de l'Iſl. enc.
Un Berger C . . . . Paſtor. comiq.
Philène C . . . . . Sicilien.
Tircis . . . . G. Dandin.
Pantalon C . . . . Pourceaugnac

2ᵉ Pantalon . . . . . Pourceaugnac
Philinte . . . . . . Am. magnif.
3ᵉ Muficien . . . . . ⎫
Un vieux Bourg. bab. ⎬ Bourg. gent.
2ᵉ Turc aſ. du Mufti C ⎭
Silène . . . . Pſyché.

LE SIEUR JOUBERT

4ᵉ Géant. . . . . . Pl. de l'Isle enc.	6ᵉ Espagnol D . . . Am. magnif.
2ᵉ Curieux de spect. ⎫	2ᵉ Femme désolée D ⎫
3ᵉ Sauvage D. . . . ⎬ Pourceaugnac	7ᵉ Cyclope D. . . . ⎬ Psyché.
5ᵉ Pêch. de corail D ⎫	8ᵉ Furie D . . . . ⎪
4ᵉ Faune D. . . . ⎬ Am. magnif.	3ᵉ Ménade D. . . . ⎭
4ᵉ Conduct. d'escl. D ⎭	

LE SIEUR LANGEAIS

2ᵉ Musicien. . . . . ⎫	1ᵉʳ Musicien . . . . ⎫
1ᵉʳ Paysan C . . . . ⎬ Pourceaugnac	10ᵉ Turc as. du Mus. C ⎬ Bourg. gent.
8ᵉ Triton C. . . . . ⎭	Une vieil. Bourgeoise ⎭
Lycaste. . . . . . ⎫ Am. magnif.	2ᵉ Homme affligé C. ⎫ Psyché.
2ᵉ Sacrificateur C. . ⎭	Apollon . . . . . . ⎭

LE SIEUR LE CHANTRE

2ᵉ Soupçon. . . . . Mariage forcé	2ᵉ Ministre du sacr. D Am. magnif.
5ᵉ Maure. . . . . . ⎫	2ᵉ Garçon tailleur D ⎫
2ᵉ Ecuyer . . . . . ⎬ Pl. de l'Isl. enc.	2ᵉ Espagnol D. . . . ⎬ Bourg. gent.
2ᵉ Statue D. . . . . ⎫ Am. magnif.	2ᵉ Homme affligé D ⎫ Psyché.
2ᵉ Pantomime D . . ⎭	3ᵉ Egipan D . . . . ⎭

LE SIEUR ARNALD

3ᵉ Bergère D . . . . ⎫ Pl. de l'Isl. enc.	2ᵉ Bergère D . . . . G. Dandin.
3ᵉ Monstre . . . . . ⎭	1ʳᵉ Dryade D. . . . ⎫
4ᵉ Démon D . . . . ⎫ Pastor. comiq.	4ᵉ F. armée à la gr. D ⎬ Am. magnif.
8ᵉ Egyptien D. . . . ⎭	2ᵉ Naïade D . . . . ⎫ Psyché.
3ᵉ Maure à capot. . Sicilien.	3ᵉ Matassin D . . . . ⎭

LE SIEUR PEZAN

4ᵉ Valet de chiens D ⎫
3ᵉ Géant. . . . . . ⎬ *Pl. de l'Isl. enc.*
3ᵉ Démon fauteur . ⎭

6ᵉ Paysan . . . . . ⎫
12ᵉ Egyptien D. . . ⎬ *Pastor. comiq.*

4ᵉ Esclave turc D . . . *Sicilien.*
4ᵉ Bacchante D. . . *G. Dandin.*

3ᵉ Pêch. de corail D ⎫
3ᵉ Conduct. d'escl. D ⎬ *Am. magnif.*

LE SIEUR FOIGNARD le cadet

3ᵉ Petit Faune D . . ⎫
8ᵉ Statue D. . . . . ⎬ *Am. magnif.*
6ᵉ Ministre du sacr. D ⎭

2ᵉ Trivelin D . . . . ⎫
2ᵉ Poitevine D. . .   ⎬ *Bourg. gent.*

4ᵉ Naïade D . . . . ⎫
7ᵉ Fée D. . . . . . ⎬ *Psyché.*
7ᵉ Furie D . . . . . ⎪
10ᵉ Art en Berger. . ⎭

LE SIEUR MOREL.

10ᵉ Triton C . . . . ⎫
2ᵉ Satyre. . . . . . ⎬ *Am. magnif.*

2ᵉ Musicien. . . . . ⎫
1ᵉʳ Dervis C . . . . ⎬ *Bourg. gent.*

3ᵉ Spectateur C. . . ⎫
1ᵉʳ Espagnol C . . . ⎬ *Bourg. gent.*

1ᵉʳ Homme affligé C ⎫
Mome . . . .   ⎬ *Psyché.*

LE SIEUR FOIGNARD l'aîné

6ᵉ Démon D . . . . *Pastor. comiq.*
4ᵉ Bergère D . . . . *G. Dandin.*

5ᵉ Dryade D . . . . ⎫
6ᵉ Statue D . . . . . ⎬ *Am. magnif.*

5ᵉ Ministre du sacr. D *Am. magnif.*

6ᵉ Homme affligé D. ⎫
6ᵉ Fée D . . . . . . ⎬ *Psyché.*
9ᵉ Art en Berger D . ⎭

LE SIEUR DE LORGE

1ᵉʳ Soupçon . . . . ⎫
2ᵉ Démon . . . . . . ⎬ *Mariage forcé*

5ᵉ Chevalier . . . . ⎫
Mélisse. . . . . . . ⎬ *Pl. de l'Isl. enc.*

1ʳᵉ Dryade D. . . . ⎫
3ᵉ Fée D . . . . . . ⎬ *Psyché.*
1ᵉʳ Matassin D. . . . ⎭

LE SIEUR LA MONTAGNE

7ᵉ Pêch. de corail D ⎫
1ᵉʳ Petit Faune D ⎬ Am. magnif.
1ʳᵉ F. armée à la gr. D ⎭
5ᵉ Homme affligé D Pſyché.

5ᵉ Fée D ⎫
4ᵉ Amour D ⎬ Pſyché.
6ᵉ Polichinelle D ⎭

LE SIEUR DES BROSSES

2ᵉ Chagrin . . . . . Mariage forcé
4ᵉ Monſtre . . . . . ⎫ Pl. de l'Iſle enc.
4ᵉ Chevalier . . . . ⎭
3ᵉ Dieu des fleuves D Pſyché.

6ᵉ Cyclope D . . . . ⎫
5ᵉ Furie D . . . . . ⎬ Pſyché.
7ᵉ Art en Berger . . ⎭

LE SIEUR LE GROS

1ᵉʳ Berger C . . . . Pl. de l'Iſl. enc.
1ᵉʳ Magicien C . . . Paſtor. comiq.
Berger C . . . . . G. Dandin.

2ᵉ Vieille C . . . . . Pourceaugnac
1ᵉʳ Triton C . . . . Am. magnif.
1ᵉʳ Hom. du bel air Bourg. gent.

LE SIEUR REBEL

1ᵉʳ Docteur C . . . Pourceaugnac
7ᵉ Triton C . . . . . ⎫ Am. magnif.
Un Héraut . . . . . ⎭

2ᵉ Homme du bel air ⎫ Bourg. gent.
5ᵉ Turc af. du Mufti C ⎭
C. de la fuite de Mars Pſyché.

LE SIEUR VAIGNARD l'aîné

2ᵉ Géant . . . . . . Pl. de l'Iſle enc.
4ᵉ Egyptien D . . . Paſtor. comiq.
4ᵉ Maure à capot . . Sicilien.

5ᵉ Eſclave D . . . . Am. magnif.
5ᵉ Femme affligée D ⎫ Pſyché.
8ᵉ Fée D . . . . . . ⎭

LE SIEUR PAYSAN

1ᵉʳ Valet de chiens D   Pl. de l'Iſl. enc. | 1ᵉʳ Eſclave D . . . . Am. magnif.
1ʳᵉ Bacchante D . . . G. Dandin. | 2ᵉ Ménade D . . . . Pſyché.
1ᵉʳ Sauvage D . . . . Pourceaugnac |

LE SIEUR GINGAN l'aîné

Suivant de Bacchus C   G. Dandin. | 4ᵉ Spectateur C . . . ⎫
2ᵉ Scaramouche C . Pourceaugnac | ⎬ Bourg. gent.
4ᵉ Triton C . . . . Am. magnif. | 3ᵉ Turc aſ. du Mufti C ⎭

LE SIEUR ISAAC

6ᵉ Dryade D . . . . Am. magnif. | 4ᵉ Femme affligée D ⎫ Pſyché.
4ᵉ Garçon tailleur D. ⎫ | 1ʳᵉ Ménade D . . . . ⎭
                      ⎬ Bourg. gent. |
5ᵉ Eſpagnol D . . . ⎭ |

LE SIEUR FAVIER le cadet

4ᵉ Dryade D . . . . ⎫ | 3ᵉ Naïade D . . . . ⎫ Pſyché.
3ᵉ F. armée à la gr. D ⎬ Am. magnif. | 4ᵉ Mataſſin D . . . . ⎭
3ᵉ Poitevine D . . . Bourg. gent. |

LE SIEUR DOLIVET le fils

7ᵉ Statue D . . . . ⎫ | 5ᵉ Amour D . . . . ⎫ Pſyché.
6ᵉ Eſclave D . . . . ⎬ Am. magnif. | 4ᵉ Ménade D . . . . ⎭
3ᵉ Femme déſolée D   Pſyché. |

LE SIEUR SAINT-ANDRE le cadet

4ᵉ Dieu des fleuves D ⎫ | 11ᵉ Furie D . . . . ⎫ Pſyché.
4ᵉ Homme affligé D ⎬ Pſyché. | 6ᵉ Egipan D . . . . ⎭
8ᵉ Cyclope D . . . ⎭ |

LE SIEUR LA GRILLE

1ᵉʳ Muſicien	} Bourg. gent.	Vertumne	} Pſyché.
2ᵉ Poitevin C & D. .		1ᵉʳ Satyre C	

LE SIEUR MANCEAU

1ᵉʳ Chaſſeur D . . .	} Pl. de l'Iſl. enc.	2ᵉ Bacchante D . . . G. Dandin.
1ᵉʳ Géant		1ᵉʳ Polichinelle D . . Pſyché.

LE SIEUR D'HEUREUX

2ᵉ Plaiſant	} Mariage forcé	1ᵉʳ Maure	} Pl. de l'Iſl. enc.
1ᵉʳ Démon.		1ᵉʳ Chevalier. . . .	

LE SIEUR GINGAN le cadet

1ᵉʳ Pantalon	Pourceaugnac	2ᵉ Gaſcon	} Bourg. gent.
5ᵉ Triton C.	Am. magnif.	2ᵉ Dervis C.	

LE SIEUR FERNON le cadet

1ʳᵉ Vieille C	Pourceaugnac	Ménandre	Am. magnif.
6ᵉ Triton C.	Am. magnif.	7ᵉ Turc aſ. du Muſti C	Bourg. gent.

LE SIEUR LA MARRE

4ᵉ Maure.	} Pl. de l'Iſl. enc.	9ᵉ Egyptien D. . . .	Paſtor. comiq.
1ᵉʳ Ecuyer		1ᵉʳ Maure à capot. .	Sicilien.

LE SIEUR DON

3ᵉ Berger C.	} Pl. de l'Iſle enc.	2ᵉ Magicien C. . . .	Paſtor. comiq.
2ᵉ Valet de chiens C		3ᵉ Triton C.	Am. magnif.

LE SIEUR HEDOUIN

2ᵉ Docteur c . . . . Pourceaugnac | 4ᵉ Turc aſ. du Mufti c ⎱ Bourg. gent.
2ᵉ Triton c. . . . . Am. magnif. | 2ᵉ Spectateur c. . . ⎰

LE SIEUR RAYNAL

2ᵉ Egyptienne . . . ⎱ Mariage forcé | 2ᵉ Chevalier . . . . Pl. de l'Iſl. enc.
4ᵉ Galant . . . . . ⎰ | 5ᵉ Suivant d'Apollon Am. magnif.

LE SIEUR FAVRE

4ᵉ Eſclave D . . . . Am. magnif. | 4ᵉ Dryade D . . . . ⎱ Pſyché.
1ʳᵉ Poitevine D . . . Bourg. gent. | 4ᵉ Polichinelle D . . ⎰

LE SIEUR BALTHAZARD

2ᵉ Muſicien groteſq. Mariage forcé | 1ʳᵉ Bergère D. . . . ⎱ Pl. de l'Iſl. enc.
3ᵉ Chaſſeur D . . . . Pl. de l'Iſl. enc. | 6ᵉ Chevalier . . . . ⎰

LE SIEUR DU PRON

2ᵉ Berger D . . . . ⎱ Pl. de l'Iſl. enc. | 3ᵉ Chevalier . . . . Pl. de l'Iſl. enc.
7ᵉ Maure. . . . . . ⎰ | 3ᵉ Payſan . . . . . Paſtor. comiq.

LE SIEUR DES CHAMPS

2ᵉ Payſan c . . . . Pourceaugnac | 6ᵉ Spectateur c. . . Am. magnif.
9ᵉ Triton c. . . . . Am. magnif. | 9ᵉ Turc aſ. du Mufti c Bourg. gent.

MADEMOISELLE DES FRONTEAUX

Chloris . . . . . . G. Dandin. | 2ᵉ Muſe c . . . . . Pſyché.
N. de la val. de Temp. Am. magnif. |

LE SIEUR JOUAN

2ᵉ Batelier D . . . . G. Dandin. | 2ᵉ Conduct. d'escl. D Am. magnif.
1ᵉʳ Pêch. de corail D Am. magnif. |

LE SIEUR PHILBERT

6ᵉ Berger jouant. . . G. Dandin. | Un Suisse. . . . . . Bourg. gent.
4ᵉ Dervis c . . . . . Bourg. gent. |

LE SIEUR DES AIRS l'aîné

3ᵉ Démon . . . . . Mariage forcé | 2ᵉ Zéphir D. . . . . Psyché.
3ᵉ Chevalier . . . . Pl. de l'Isl. enc. |

LE SIEUR DES AIRS le second

4ᵉ Plaisant . . . . . Mariage forcé | 10ᵉ Egyptien D . . . Pastor. comiq.
4ᵉ Chevalier . . . . Pl. de l'Isl. enc. |

LE PETIT VAIGNARD

3ᵉ Nain . . . . . . Pl. de l'Isl. enc. | 4ᵉ Zéphir D. . . . . Psyché.
2ᵉ Petite Dryade . . Am. magnif. |

LE SIEUR GIRARD

7ᵉ Esclave D . . . . Am. magnif. | 2ᵉ Polichinelle D . . Psyché.
6ᵉ Femme affligée D Psyché. |

LE SIEUR MERCIER

8ᵉ Maure . . . . . } Pl. de l'Isl. enc. | 5ᵉ Paysan . . . . . Pastor. comiq.
4ᵉ Ecuyer . . . . . } |

LE SIEUR BERNARD

8ᵉ Turc af. du Mufti c ⎫ Bourg. gent. | 2ᵉ Satyre c . . . . . *Pfyché.*
8ᵉ Spectateur c . . . ⎭

LE SIEUR GILLET

8ᵉ Fleuve c . . . . . *Am. magnif.* | 7ᵉ Spectateur c . . . *Bourg. gent.*
6ᵉ Turc af. du Mufti c *Bourg. gent.* |

LE SIEUR JANNOT

1ʳᵉ Fille coquette . . . *Bourg. gent.* | Un Zéphir c . . . . . *Pfyché.*

LE SIEUR LE PRETRE

1ᵉʳ Efclave turc d . . *Sicilien.* | 1ʳᵉ Conduct. d'Efcl. d *Am. magnif.*

LE SIEUR RENIER

3ᵉ Fille coquette. . . *Bourg. gent.* | 1ᵉʳ Amour c . . . . . *Pfyché.*

LE SIEUR BEAUMONT

1ᵉʳ Fleuve c. . . . . *Am. magnif.* | 4ᵉ Voltigeur. . . . . *Am. magnif.*

LE SIEUR PIERROT

2ᵉ Fille coquette. . . *Bourg. gent.* | 2ᵉ Amour c . . . . . *Pfyché.*

LE SIEUR HIDIEU

2ᵉ Furie d . . . . . *Pfyché.* | 2ᵉ Egipan d . . . . . *Pfyché.*

LE SIEUR LA VALEE

2ᵉ Esclave D. . . . . . *Am. magnif.* | 3ᵉ Polichinelle D. . . . *Psyché.*

LE SIEUR DESONETS.

5ᵉ Monstre . . . . . . *Pl. de l'Isl. enc.* | 2ᵉ Paysan. . . . . . . *Pastor. comiq.*

LE SIEUR FERNON l'aîné

2ᵉ Fleuve C . . . . . . *Am. magnif.* | 5ᵉ Spectateur C . . . *Bourg. gent.*

LE SIEUR DALUSEAU

2ᵉ Petit Faune D. . . . *Am. magnif.* | 6ᵉ Amour D. . . . . . *Psyché.*

LE SIEUR DU FEU

11ᵉ Egyptien D . . . *Pastor. comiq.* | 2ᵉ Maure à capot . . *Sicilien.*

LE SIEUR THIBAULD

3ᵉ Petite Dryade D . *Am. magnif.* | 3ᵉ Amour D. . . . . . *Psyché.*

LE SIEUR DE GAN

6ᵉ Maure . . . . *Pl. de l'Isl. enc.* | 3ᵉ Ecuyer. . . . . . . *Pl. de l'Isl. enc.*

LE SIEUR LE ROY

7ᵉ Paysan. . . . . . . *Pastor. comiq.* | 3ᵉ Bacchante D . . . *G. Dandin.*

LE SIEUR BUREAU

4ᵉ Démon fauteur. . *Pl. de l'Isl. enc.* | 6ᵉ Mataffin D . . . . *Psyché.*

LE SIEUR DES COTEAUX

6° Muſicien grotesque *Mariage forcé* | 5° Berger jouant. . . *G. Dandin.*

LE SIEUR JEAN HOTTETERRE

7° Muſicien grotesque *Mariage forcé* | 7° Berger jouant. . . *G. Dandin.*

LE SIEUR MARTIN HOTTETERRE ſecond

8° Muſicien grotesque *Mariage forcé* | 8° Berger jouant. . . *G. Dandin.*

LA SENORA ANNA BERGEROTTI

Une Concertante . . . . . *Mariage forcé.*

LE SENOR BORDIGONI

1ʳ° Concertant eſpagnol . . . . . *Mariage forcé.*

LE SENOR CHIARINI

2° Concertant eſpagnol . . . . . *Mariage forcé.*

LE SENOR JUAN AGOSTINI

3° Concertant eſpagnol . . . . . *Mariage forcé.*

LE SENOR TALLAVACA

4° Concertant eſpagnol . . . . . *Mariage forcé.*

LE SENOR ANGELO MIGUEL

5° Concertant eſpagnol . . . . . *Mariage forcé.*

LE PETIT DES AIRS premier

1ᵉʳ Nain . . . . . Plaisirs de l'Isle enchantée.

LE SIEUR D'ANGLEBERT

1ᵉʳ Musicien concertant . . . . . Plaisirs de l'Isle enchantée.

LE SIEUR TUTIN

1ᵉʳ Démon fauteur . . . . . Plaisirs de l'Isle enchantée.

LE SIEUR DIACRE

Un Timballier . . . . . Amants magnifiques.

MADEMOISELLE DE SAINT-CHRISTOPHLE

Climène . . . . . Amants magnifiques.

LE SIEUR BOUILLAND

1ʳᵉ Petite Dryade D . . . . . Amants magnifiques.

LE SIEUR LA PLAINE

1ʳᵉ Trompette . . . . . Amants magnifiques.

LE SIEUR JOLY

1ᵉʳ Voltigeur . . . . . Amants magnifiques.

LE SIEUR DOMINIQUE

Arlequin . . . . . Bourgeois gentilhomme.

LE SIEUR DE MENIGLAISE

1ᵉʳ Satyre voltigeant . . . . . *Pſyché*.

LE SIEUR COBUS

1ᵉʳ Lutin fautant . . . . . *Pſyché*.

LE SIEUR CAMET

1ᵉʳ Guerrier à maſſe . . . . . *Pſyché*.

LE SIEUR BOUTTEVILLE

1ᵉʳ Zéphir D . . . . . *Pſyché*.

MADEMOISELLE LA BARRE

2ᵉ Bergère C . . . . . *Plaiſirs de l'Iſle enchantée*.

LE SIEUR LA BRODIERE

2ᵉ Démon fauteur . . . . . *Plaiſirs de l'Iſle enchantée*.

LE SIEUR RICHARD

2ᵉ Muſicien concertant . . . . . *Plaiſirs de l'Iſle enchantée*.

LE PETIT DES AIRS ſecond

2ᵉ Nain . . . . . *Plaiſirs de l'Iſle enchantée*.

LE SIEUR DOYAT

2ᵉ Voltigeur . . . . . *Amants magnifiques*.

LE SIEUR LORANGE

2ᵉ Trompette . . . . . *Amants magnifiques.*

LE SIEUR GRILLET

2ᵉ Espagnol c . . . . . *Bourgeois gentilhomme.*

LE SIEUR ROUILLAND

2ᵉ Amour D . . . . . *Psyché.*

LE SIEUR MAURICE

2ᵉ Lutin sautant . . . . . *Psyché.*

LE SIEUR LA HAYE

2ᵉ Guerrier à masse . . . . . *Psyché.*

LE SIEUR DE VIEUX-AMANT

2ᵉ Satyre voltigeant . . . . . *Psyché.*

LE SIEUR VAGNAC

3ᵉ Musicien grotesque . . . . . *Mariage forcé.*

LE SIEUR ITIER

3ᵉ Musicien concertant . . . . . *Plaisirs de l'Isle enchantée.*

LE SIEUR MOLIERE

3ᵉ Maure . . . . . *Plaisirs de l'Isle enchantée.*

LE SIEUR NOBLET le cadet

3ᵉ Démon D . . . . . *Paſtorale comique.*

LE SIEUR PEZAN le cadet

3ᵉ Eſclave D . . . . . *Amants magnifiques.*

LE SIEUR DE LAUNOY

3ᵉ Voltigeur . . . . . *Amants magnifiques.*

LE SIEUR DU CLOS

3ᵉ Trompette . . . . . *Amants magnifiques.*

LE SIEUR MARTIN

3ᵉ Eſpagnol C . . . . . *Bourgeois gentilhomme.*

LE SIEUR LE DUC

3ᵉ Guerrier à maſſe . . . . . *Pſyché.*

LE SIEUR POULET

3ᵉ Lutin ſautant . . . . . *Pſyché.*

LE SIEUR CHAUVEAU

3ᵉ Dryade D . . . . . *Pſyché.*

LE SIEUR ARTUS

3ᵉ Zéphir D . . . . . *Pſyché.*

LE SIEUR LE MERCIER

4° Démon . . . . . *Mariage forcé.*

LE SIEUR LA BARRE le cadet

4° Muſicien concertant . . . . . *Plaiſirs de l'Iſle enchantée.*

LE PETIT TUTIN

4° Nain . . . . . *Plaiſirs de l'Iſle enchantée.*

LE SIEUR SERIGNANT

4° Fleuve C . . . . . *Amants magnifiques.*

LE SIEUR BEAUPRE

4° Trompette . . . . . *Amants magnifiques.*

LE SIEUR DES GRANGES

4° Homme armé à la grecque . . . . . *Amants magnifiques.*

LE SIEUR PETIT-JEAN

4° Lutin ſautant . . . . . *Pſyché.*

LE SIEUR ROYER

4° Egipan D . . . . . *Pſyché.*

LE SIEUR DU BUISSON

4° Guerrier à maſſe . . . . . *Pſyché.*

LE SIEUR TISSU

5° Muficien concertant . . . . . *Plaifirs de l'Ifle enchantée.*

LE SIEUR DU GARD l'aîné

5° Voltigeur . . . . . *Amants magnifiques.*

LE SIEUR DAVID

5° Fleuve C . . . . . *Amants magnifiques.*

LE SIEUR CARBONNET

5° Trompette . . . . . *Amants magnifiques.*

LE SIEUR LE FEBVRE

5° Polichinelle D . . . . . *Pfyché.*

LE SIEUR GERMAIN

5° Zéphir D . . . . . *Pfyché.*

LE SIEUR BRETAU

5° Ménade D . . . . . *Pfyché.*

LE SIEUR GOYER

5° Mataffin D . . . . . *Pfyché.*

LE SIEUR LE MOINE

6° Muficien concertant . . . . . *Plaifirs de l'Ifle enchantée.*

LE SIEUR AURAT

6.° Fleuve c . . . . . *Amants magnifiques.*

LE SIEUR DU GARD le cadet

6.° Voltigeur . . . . . *Amants magnifiques.*

LE SIEUR FERRIER

6.° Trompette . . . . . *Amants magnifiques.*

LE SIEUR PECOURT

6.° Zéphir D . . . . . *Pfyché.*

LE SIEUR DES FORGES

6.° Ménade D . . . . . *Pfyché.*

LE SIEUR DE VELLOIS

7.° Fleuve c . . . . . *Amants magnifiques.*

LE SIEUR DU MIRAIL

7.° Zéphir D . . . . . *Pfyché.*

LE SIEUR VITROU

7.° Amour D . . . . . *Pfyché.*

LE SIEUR DES AIRS GALAND

8ᵉ Maure nud . . . . . Sicilien.

LE SIEUR CHARPENTIER

8ᵉ Esclave D . . . . . Amants magnifiques.

LE SIEUR LESTANG le cadet

8ᵉ Zéphir D . . . . . Psyché.

LE SIEUR HOTTETERRE troisième

9ᵉ Musicien grotesque . . . . . Mariage forcé.

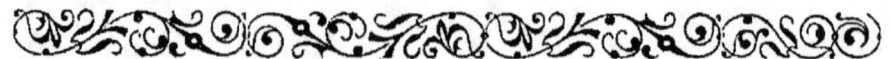

PERSONNAGES

DE LA COUR ET DE LA NOBLESSE

QUI ONT DANSE OU FIGURE

DANS LES DIVERTISSEMENTS DES COMEDIES

DE MOLIERE.

LE ROY

1ᵣᵉ Egyptien. . . . . . *Mariage forcé* | Neptune. . . . . ⎫
Roger . . . . *Pl. del'Isl. enc.* | Apollon . . . . ⎬ *Am. magnif.*
1ᵉʳ Maure de qualité . *Sicilien.* | ⎭

MONSIEUR LE DUC

1ᵉʳ Galant . . . . . . *Mariage forcé* | Roland. . . . . *Pl. del'Isl. enc.*

MONSIEUR LE GRAND

2ᵉ Maure de qualité . *Sicilien.* | 1ᵉʳ Suiv. d'Apollon . *Am. magnif.*
1ᵉʳ Dieu marin. . . . *Am. magnif.* |

LE MARQUIS DE VILLEROY

2ᵉ Egyptien . . . . . *Mariage forcé* | 2ᵉ Dieu marin . . . } *Am. magnif.*
3ᵉ Maure de qualité . *Sicilien.* | 2ᵉ Suiv. d'Apollon . . }

LE MARQUIS DE RASSENT

1ʳᵉ Egyptienne . . . *Mariage forcé* | 3ᵉ Dieu marin . . . } *Am. magnif.*
4ᵉ Maure de qualité . *Sicilien.* | 3ᵉ Suiv. d'Apollon . . }

MADAME

1ʳᵉ Mauresque de qualité . . . . . *Sicilien.*

MADEMOISELLE DE LA VALLIERE

2ᵉ Mauresque de qualité . . . . . *Sicilien.*

MADAME DE ROCHEFORT

3ᵉ Mauresque de qualité . . . . . *Sicilien.*

MADEMOISELLE DE BRANCAS

4ᵉ Mauresque de qualité . . . . . *Sicilien.*

LE DUC DE GUISE

Aquilant le Noir . . . . . *Plaisirs de l'Isle enchantée.*

LE DUC DE NOAILLES

Oger le Danois . . . . . *Plaisirs de l'Isle enchantée.*

LE MARQUIS DE LA VALLIERE

Zerbin . . . . . . *Plaisirs de l'Isle enchantée.*

LE MARQUIS D'HUMIERES

Ariodant . . . . . *Plaisirs de l'Isle enchantée.*

LE MARQUIS DE SOYECOURT

Olivier . . . . . *Plaisirs de l'Isle enchantée.*

LE MARQUIS DE VILLEQUIER

Richardet . . . . . *Plaisirs de l'Isle enchantée.*

LE PRINCE DE MARSILLAC

Brandimart . . . . . *Plaisirs de l'Isle enchantée.*

LE COMTE DU LUDE

Astolphe . . . . . *Plaisirs de l'Isle enchantée.*

LE DUC DE COASLIN

Dudon . . . . . *Plaisirs de l'Isle enchantée.*

LE DUC DE FOIX

Renaud . . . . . *Plaisirs de l'Isle enchantée.*

LE COMTE D'ARMAGNAC

1ᵉʳ Plaifant . . . . . *Mariage forcé* | Griffon le Blanc . . . Pl. de l'Ifl. enc.

LE DUC DE SAINT-AIGNAN

2ᵉ Galant . . . . . . *Mariage forcé* | Guidon le Sauvage . Pl. de l'Ifl. enc.

MONSIEUR DE LA MARCHE

L'Abondance . . . . . *Plaifirs de l'Ifle enchantée.*

MONSIEUR PARFAIT le père

La Joie . . . . . *Plaifirs de l'Ifle enchantée.*

MONSIEUR PARFAIT le fils

La Bonne Chère . . . . . *Plaifirs de l'Ifle enchantée.*

MONSIEUR PARFAIT le frère

La Propreté . . . . . *Plaifirs de l'Ifle enchantée.*

MONSIEUR D'ARTAGNAN

Un Page du Roy . . . . . *Plaifirs de l'Ifle enchantée.*

MONSIEUR DES BARDINS

Un Hérault d'armes . . . . . *Plaifirs de l'Ifle enchantée.*

MONSIEUR COCQUET

1er Maure nud . . . . . Sicilien.

MONSIEUR DE SOUVILLE

1er Chevalier . . . . Pl. de l'Ifl. enc. | 2e Maure nud. . . . . Sicilien.

MONSIEUR DUPILE

1er Efpagnol . . . . . Mariage forcé.

MONSIEUR TARTAS

2e Efpagnol . . . . . Mariage forcé.

MONSIEUR DE LANNE

1re Efpagnole . . . . . Mariage forcé.

MONSIEUR DE SAINT-ANDRE

2e Efpagnole . . . . . Mariage forcé.

LE CHEVALIER POL

1er Amour D . . . . . Pfyché.

MILLET, cocher de Louis XIV

Le Temps, avec fa faulx . . . . . Plaifirs de l'Ifle enchantée.

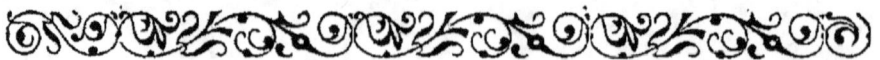

TABLE DES MATIERES

Avant-propos. v	Mlle La Grange, p. & n. . . . 61
Les origines du Théâtre françois ix	Du Croisy, p. & n. 65
Titres des comédies de Molière xj	Mlle Du Croisy, p. & n. 69
Molière, portrait & notice. . . . 1	Mlle Beauval, p. & n. 71
Jodelet, p. & n. 9	Beauval, p. & n. 77
Du Fresne, p. & n. 13	L'Espy, p. & n. 81
Longchamp, p. & n. 15	La Thorillière le père, p. & n. 83
J. Béjart l'aîné, p. & n. 17	Baron, p. & n. 87
L. Béjart le cadet, p. & n. . . 21	Hubert, p. & n. 95
Magdeleine Béjart, p. & n. . . 25	Marotte Beaupré, p. & n. . . 99
Geneviève Béjart, p. & n. . . 29	La Thorillière le fils, p. & n. 103
Armande Béjart, p. & n. . . . 33	Mlle Poisson, p. & n. 107
De Brie, p. & n. 37	Mlle Dancourt, p. & n. . . . 111
Mlle De Brie, p. & n. 41	Mlle Beaubourg, p. & n. . . 115
Du Parc, p. & n. 45	Gaudon, p. & n. 119
Mlle Du Parc, p. & n. 49	Mlle Barillonet, p. & n. . . . 121
Brécourt, p. & n. 53	J.-B. Lulli, p. & n. 123
La Grange, p. & n. 57	Martine, n. 127

Ragueneau de L'Eſtang, n.	127	Boulonnois	128
Croiſac; n.	Ibid.	Finet.	Ibid.
Châteauneuf, n.	Ibid.	Acteurs qui ont chanté, danſé ou figuré.	129
Prévôt	128		
Barillonet	Ibid.	Perſonnages de la Cour qui ont danſé ou figuré.	153
Mlle Bonneau.	Ibid.		

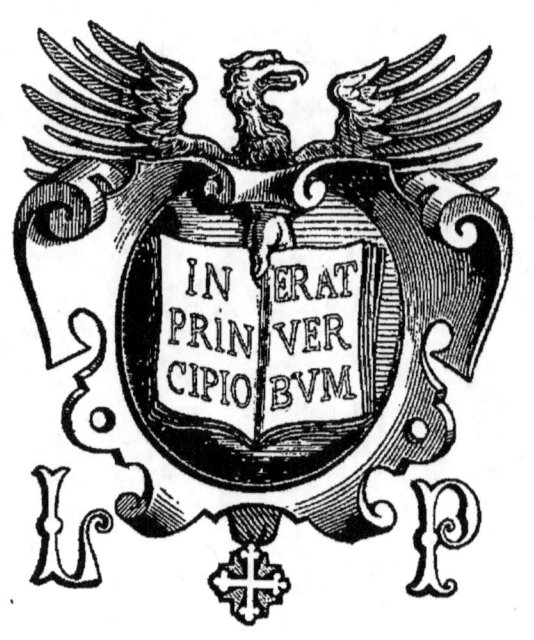

www.ingramcontent.com/pod-product-compliance
Lightning Source LLC
Chambersburg PA
CBHW032253220526
45471CB00001B/323